Cross Cultural Communication

もう、こわくない!

英語の会議にみるみる強くなる本

スティーブ・モリヤマ[著]
Steve Moriyama

中経出版

はじめに――ＴＯＥＩＣ９８０点でも、ビジネスで英語が使えるとは限らない

つい先日のことですが、私の会社のポーランド支社で日本人採用計画があり、何十人もの日本人を英語で面接しました。

ＴＯＥＩＣの点数でいうと９００点から９８０点といった、書面で見る限りは、英語がかなり得意そうな人たちです。ところが、いざ英語で面接してみると、緊張もあったのかもしれませんが、質問に対して、理路整然と、自信を持って答えられる人は、ほんのわずかしかいませんでした。

面接も議論のひとつです。会話のキャッチボールができなければ始まりません。

一番驚いたのは、日本語の一次面接をパスし、日系人による英語の二次面接もパスし、最終面接で私が欧米人の同僚とともに面接した時のことです。

日系人や日本人面接官による二次の英語面接では流暢《りゅうちょう》に話せた人が、部屋に入ってきたとたん、顔が引きつり、しどろもどろになり、まったく会話の体を成さなかったからです。欧米人が最終面接で出てくるとは予期していなかったのでしょうか。

仕方がないので、私が日本語で助け舟を出してみたのですが、すでにパニックは最高潮に達しており、回復の見込みはありませんでした。人柄もよく、個人的には採用したかったのですが、これでは同僚の欧米人を説得できるはずもありません。

そのときに感じたのは、世間一般でいわれる日本人の英語ベタ、特に議論ベタは、「本当に英語力だけの問題なのか？」という疑問でした。

この経験が頭から離れず、私は日本人と話すたびに次の質問をしてみました。

「英語による議論」や「英語の会議」と聞いて、一番最初に思い浮かべる言葉は何でしょうか？

すると、返ってきた答えは次のように驚くほど似通っていました。

「できれば敬遠したい。どうも苦手だ」
「緊張する。自信がない」
「言葉に詰まってしまう」

冒頭のワルシャワ駐在候補者たちにも、もしかすると、こういう気持ちが潜在意識の中にあったのかもしれません。

欧米人を前にすると、なぜか調子が狂ってしまう日本人は少なくありません。

顔が硬直して、頭に血が上ってしまいます。いつの間にか相手の土俵に引きずり込まれ、内心あわてふためく自分が、いいかげん嫌になってきます。

「そうだ、黙っていよう。『沈黙は金』というではないか。それが一番無難だろう」

読者の中にも、そんな葛藤《かっとう》を感じている人がいるかもしれません。

しかも、日本ではしばしば、この原因が「議論が英語で行なわれるから」のひと言で片づけられてしまいがちです。

しかし、それでは、どうやって冒頭のエピソードを説明すればいいのでしょうか？　英語はできるのです。TOEICも満点に近いし、表現力も語彙《ごい》力もリスニング力もあるのです。本当に外国語の壁だけが原因なのでしょうか？

「英米人との議論でも気後れせず、堂々と主張できるようになりたい」……。この目標を達成するには、発想の転換が必要です。

本書は、英語表現に偏ることなく、以下の3点に着目して「英語の議論」というテーマを斬っていきます。

①以心伝心の社会で育った日本人は「コトバ」を大切にする欧米人を理解していない。
②「議論のDNA」を持つ欧米人は、日本人の議論の常識を知らない。
③日本人はネイティブを意識しすぎて自縄自縛に陥りやすい。また、そうした不要なコンプレックスをあおる土壌が日本社会には存在する。

「英語の壁」という現象にとらわれずに、その裏側に潜む本質的な問題をまずしっかりと認識すること、これが大切です。現時点より確実に高いレベルに飛躍していくためには、今までとは少し視点を変えてみる必要があります。

本書には、副作用ゼロで、あなたの視点を確実に変化させる薬効があります。いわば「読むだけで効くクスリ」、それが本書です。

2003年8月

欧州の首都ブリュッセルにて　スティーブ・モリヤマ

◎目　次◎——英語の会議にみるみる強くなる本

第2章 「論理力」で欧米人に勝つ!

ロジカル・シンキング

第3章 「詭弁術」で欧米人に勝つ！

非ロジカル・シンキング

第5章

表現集 いざというときに使える議論の英語

本文イラスト/石倉淳一
本文デザイン/浦郷和美

第1章

異文化としての英語

どうしたら欧米人を説得できるのか？

CHAPTER ● 1

○

○

○

○

英語が話せるだけでは、欧米人との議論はうまくいきません。

TOEIC900点のスコアがあってもダメ。

ひと言も漏らさず聞き取れるリスニング力があってもダメ。

それよりも「英語を使って、いかにして相手の心をつかむか」が
大切なのです。

そのためには、英語の文化と日本語の文化との
決定的な違いを知ることが近道です。

SECTION 1

あなたは英語で議論ができますか？

▼上司が突然、アメリカ人になったらどうするか

21世紀は先行きの読みにくい変革の時代です。これまで冗談の世界でしかあり得なかったシナリオがどんどん現実の話になってきています。

ある日突然、あなたが勤めている会社が外国の企業に買収され、目の色も、肌の色も、話す言葉も違う上司がやってくることも、決して非現実的なシナリオとは言い切れなくなってきました。

日産、マツダ、新生銀行、あおぞら銀行……。日本の新聞でも、外資による日本企業の買収が多数報じられるようになりました。こうした企業では、社内共通言語を英語にして、会議を通訳なしで行なうところも少なくないようです。

また、勤務先が外国企業に買収されなくても、さまざまな国の人々と商談を持つ機会は今後、加速度的に増えていくことでしょう。

こうした変革の時代においては、国際共通語である英語を使って議論する力が、日本人にも求められてきています。そんな転機を迎えつつある日本人にとって最も大切な視点は何か？　この問題意識が、本書を執筆するきっかけとなりました。

イングリシュ・デバイド　英語ができるかどうかで収入格差が生まれる時代

私はふだん、欧州連合（EU）本部のあるベルギーの首都ブリュッセルで働いているのですが、日本にも頻繁に出張します。その際、時間を見つけて、必ず書店回りをするようにしています。そのたびに感じるのは、これほど熱心に英語を勉強している国は、世界でも稀である、という点です。

英語の重要性は世界中で認識されていますし、どの国でも年々、英語熱は高まっています。実際、ヨーロッパ諸国では「イングリッシュ・デバイド」（English Divide）と揶揄されるほど英語の重要性は高まっており、英語ができるか否かによって、収入格差さえ生まれてきている状況です。それでも、これほどの数の英語教本が書店に並び、これほどの数の英語学校が存在する国は、まず見当たりません。

そういった恵まれた環境と勉強熱心な姿勢は素晴らしいのですが、日本で見かける英語関連書籍の多くが「表現集」である点は少々気になります。特に、英語の議論に強くなりたい方は、私の経験からも、これまでとは違った視点で英語を学ぶべきだと思います。

議論の展開というものは、その性質上、会社や職種、あるいは人によっても毎回異なります。内容も多岐にわたります。このため、個別の状況をハウツー本や表現集で対処するには限界があるからです。そもそも議論はコミュニケーションである以上、予期しない展開をすることがよくあるからです。

そうした変則攻撃に巧みに対処する力を養うためには、最初に本質的な問題を押さえておくことが大切です。もちろん、英語表現を詰め込むことも大切でしょう。しかし、それはあとからでも、十分に間に合うのです。

まず、何よりも大切なことは、

①日本人と欧米人の「コトバに対する意識の違い」を認識する。
②「語るべき自分」を確立し、それを理路整然と表現できるようにする。
③英語の音に反応できる「脳」を育てる。

この3点につきます（ただし、本書の読者の方々は、③については日々のリスニングのトレーニングで鍛えていることでしょう。そこで本書では特に①と②を中心にして話を進めていきたいと思います)。

◆欧米人との議論に負けないために何をするべきか

「アメリカ人やイギリス人が相手だと、自分の言いたいことの半分も言えない。明日も英語の会議か。気が重いな……」

そんな苦手意識を持っている人の中には、「まだまだ英語の勉強が足りない」と、何度も繰り返し使った英会話表現集を手に取り、退屈な暗記を再開してしまう人も少なくないのではないでしょうか。

ここで必要なのは発想の転換です。

この問題の解決には、ある意味で、病気の治療と同じ視点が必要となるのです。小手先のテクニックを使って、英語表現を詰め込むだけでは、永久に苦手意識を解消することはできません。また、理屈や言い訳の多い相手を前に、議論をうまく進めていく力をつけることはできません。そんな対症療法を続けても、次のような人々と同じ問題に直面するだけなのです。

●生徒に教えるときは自信満々なのに、外国人と話すときに限って、極度に緊張してしどろもどろになる英語教師

●やる気のないスチュワーデスの失礼な対応に文句もつけられず、ただ沈黙を決め込む英文学科の教授

●日本からの撤退を決めた外資系企業の幹部から「解雇書類にサインせよ」とすごまれ、議論もせずに署名して、解雇補償金をもらい損ねた人

おそらくみな、英語を一生懸命勉強して、ネイティブ並みの語彙《ごい》を頭に詰め込んできたのでしょう。しかし、本質的な問題と積極的に向き合うことなく、表現だけを詰め込んで、外国人と接してきたために、宝の持ち腐れ状態に陥っているのではないでしょうか。

つまり、これまでの努力に比例した成果を得られずに、もどかしさを感じてきた人は、順序を間違えていただけなのです！

本書では、英語の議論と聞くと、苦手意識に苛まれてしまう人たちの心の中に宿るさまざまな問題を明らかにしていきます。その上で、議論に使える最重要表現だけを絞って紹介します。

本書をあなたが読み終えるころには、英語の議論のみならず、おそらく英語という存在

自体がまったく違って見える自分に変身しているはずです。新たに身につけた英語の「議論力」と「質問力」は、あなたのキャリアにプラスになります。昇進や昇給にもつながることでしょう。そして、何よりもあなたの人生は豊かになるはずです。

著者は、そうしたあなたの変身をお手伝いすることを約束します。

欧米人と議論できる人、できない人

ここで、簡単なテストをしてみましょう。

あなたは、英語の議論にすんなりと入っていけるタイプなのでしょうか? それとも意識して自分を変えなければならないタイプなのでしょうか?

正解のないテストですが、英語の議論に入っていけるかどうかの適性やアレルギーの程度が、大まかに把握できるはずです。次ページの設問に答えてみてください。

設問

以下の状況で、あなたはどのように反応するでしょうか。

a、b、cの選択肢の中から自分に最も当てはまる項目を一つ選んでください。

①会議中に反論したいときはどうしますか？

a▼相手を傷つけないようにしながら、理路整然と反論をする。

b▼反論があれば、会議のあとで個別に言う。

c▼会議の場では反論はしない。反論は根回しが不十分な証拠だ。

②「あの件はどうなった？」と上司に言われても、何のことかわからないとき、あなたはどう感じますか？

a▼「あの件」ではわからない。はっきりと言葉で説明しなければわかるはずがない。

b▼上司のボキャブラリー不足にはあきれてしまうが、まあ仕方がない。

c▼何のことかすぐわかるようでないと、上司の期待には応えられない。

③会議の場で発言しようとしたが、ちょっと頭の中でよくまとまっていない気がしました。そんなときは、どうしますか?

a▾まずは頭に浮かんだことを口にしてみる。まとまっていなくても恥ずかしくない。

b▾頭でよく整理してから発言する。それで話すタイミングを逸しても仕方がない。

c▾よくまとまってない意見を口にするのは恥だ。それに、会議が混乱するだけなので、やめておこう。

④同僚のAさんは、よく自分をばかにした冗談を言って周囲と打ち解けています。こういうタイプの人をどう思いますか?

a▾人間はポジティブであるべきだ。自己卑下はよくない。

b▾謙遜しているのだと思うが、もっと自分のプラス面を強調してもいいと思う。

c▾自分を卑下できる人間は器が大きいと思う。大物は自分の主張をしない。

⑤言葉は丁寧でしたが、会議中に面と向かって反論されました。どう感じますか?
a▼反論を聞いた上で、自分の意見を修正していきたい。
b▼心情的にはムッとするが、しょせん他人の意見にすぎないから気にしない。
c▼反論されると、自分の人格を否定されたような気分になる。

⑥同僚のBさんは、いつも理詰めで自分の意見を言い、あまり感情を表に出しません。こうしたタイプの人をどう思いますか?
a▼ビジネスにおいては感情を表に出すべきではない。ロジカルであることが大切。
b▼言葉や理屈よりも心や場の空気を大切にしたほうが、相手を説得できるはずだ。
c▼理屈ばかり言っていては、話にならない。

⑦同僚のCさんは、いつも会議中、黙っています。どう感じますか?
a▼いつも黙っている人は、結局、何も考えていない。
b▼もう少し発言したほうがいいが、もの静かな性格なのだろう。
c▼発言はしないが、おそらく何かじっくり考えているのだろう。

結果分析

いかがでしたでしょうか。それでは、選んだ選択肢をもとにして、あなたが英語の議論にすんなり入っていけるかどうかを見てみましょう。

aを10点、**b**を5点、**c**を1点として、それぞれの回答を集計してみてください。

合計で50点未満の人は、日本人的な議論や言葉に対する考え方を強く持っているといえるでしょう。欧米人と議論するときは、意識して欧米的な視点を持つ努力が必要です。

合計で50点から60点未満の人は、現時点では日本的な傾向が強いのですが、少し考え方を柔軟にするだけで、欧米人の考え方も理解できるようになるでしょう。

合計で60点以上の人は、すでに欧米的な視点を持っているといえるでしょう。

もちろん、これは大まかな傾向にすぎません。

それに、日本人的な考え方、欧米人的な考え方、というのは、それぞれ固有の文化であり、どちらが良い悪いという問題ではありません。ただ、異なる文化的背景で育った日本人が欧米人と議論するときには、そうした文化の違いを知っておいたほうが、より円滑なコミュニケーションを取れるということです。

SECTION 2

「英語の文化」vs.「日本語の文化」

英語を使って、いかにして相手の心をつかむか

ビジネスを目的として英語を学んでいる人が忘れがちな視点のひとつに、「英語は日本語とは異なる文化を背景としたコトバである」という点があります。

異文化というと「そんな大げさな。英語が話せるようになることと直接関係ないのでは?」と思う人がいるかもしれません。確かに、いわゆる日常会話で満足できるならば、ちまたにある表現集を片手に、例文を頭に叩き込んでおけばいいでしょう。少なくとも、その場をしのぐことはできるでしょう。

しかし、そんな無味乾燥で、人工的な会話ではお互いに退屈ではないでしょうか? 少なくとも「あなたという人間」に相手が興味を持つことはまずないでしょう。

試しに日本語を勉強中の外国人と話してみましょう。表現集からひろってきた形式ばった表現をつなぎ合わせるだけの途切れがちな会話は、長くは持ちません。こちらもかなり

疲れます。もちろん、表現力が乏しく、限られた持ち球を小出しに使うしかない彼らの苦しい状況はよくわかります。

しかし、ここが大切なのですが、英語にせよ、日本語にせよ、ネイティブスピーカーの多くは、我慢強く聞いてくれる親切な人ばかりではないのです。

知人の和田秀樹氏は英語が上手ですが、彼でさえ「ばかにされない英語力をつけるために留学中苦労した」と語っていました。学生でもそうなのですから、誰もが忙しいビジネスの世界では、気の短い人が多いと割り切っておいたほうがいいでしょう。脅かすつもりはありませんが、外国人の苦しい状況などお構いなしに、露骨に無視したり、軽く見てくる人は、残念ながら少なくないのです。

そうした厳しい現実を前に、どうすればよいのでしょうか？

会議にしても、交渉にしても、技術論以前に自己表現能力が大切です。言葉という媒体を通して、自分の人間性を効果的に伝えることができなければ、相手の心をつかむことはできないのです。

英語を使うこと自体が目的ではありません。英語を使って相手の心をつかむこと、それがコミュニケーションの目的なのです。そのためには「英語という異文化を学んでいるのだ」という強い自覚、動機づけが、まず何よりも欠かせないのです。

❤「英語の文化」を知らないから、失敗してしまう

人間はわからないことの前では不安になるものです。英語という言葉の背景にある文化に対する無知が、いかに誤解や無理解を招いているのか、そんな例を紹介しましょう。

日本人が欧米の会社に出向する際、かなり神経質になることのひとつに、職場における現地の女性社員との接し方という問題があります。

赴任前に、本社でセクシュアルハラスメント関連のビデオや雇用均等法などの教育を受け、「下手なことを現地女性スタッフに話すとすぐ訴えられ、日本へ送還されるのでは」と戦々恐々と外地へ出向きます。

出向先では、女性スタッフとの接触はとにかく仕事中心のやりとりになるよう注意します。下ネタは極力避けること。日本の週刊誌は職場では読まないように。エトセトラ、エトセトラ。なかなか大変です。

それでも、異文化に対する無知から、何気なく口にしたひと言で問題を起こす男性社員が毎年必ず出るようです。

先日もある日本企業の米国法人で、誤って白人女性社員の体に触れてしまった日本人駐在員が「ラッキー」と言って、警察に逮捕された事件がありました。「アメリカではジョ

ークが大切」と思い込んでいたのでしょうか。日本的なシャレのつもりだったのかもしれませんが、欧米社会においては、そんな考え方は通用しません。

「比べながら、比べない」というテクニック

私は長年、ヨーロッパで暮らしながら、異文化コミュニケーションについて考えてきたのですが、最近になって、ようやくおぼろげながらひとつの大切な視点に気づきました。それは、「比べながら、比べない」という心構えです。

これは、一見すると矛盾に満ちていますが、英語の議論に強くなる上では大切な視点です。少しかみ砕いて説明していきましょう。

STEP1 「英語の文化」と「日本語の文化」を比べる

まず、母国文化と異文化の違いを知るために、純粋に比較する必要があります。

たとえば、書店と本を例にとって、比べてみましょう。あなたは、書店や本と聞くと、どのようなイメージを持つでしょうか?

欧米には、紀伊国屋やジュンク堂のような大手書店はあまりありません。ロンドンやニューヨークのような国際都市にはいくつかありますが、それでも日本のようにたくさんは

ありません。それ以外のほとんどの都市では、巨大な書店はなく、多くは小規模な書店です。しかも、日本のように売れなかった本を返品することができず、買取制をとっている国が多いせいか、本の値段は日本よりも高い傾向にあります。

それでも、日本ではあり得ないような、何千万部という大ヒットが生まれることが少なくありません。また、本の内容も、確かにハウツー本も少なくないのですが、日本のハウツー本と違って、基本的に文字だけで書かれています。日本のハウツー本のようにマンガや図などが半分近くを占める本はまず見かけません。

以上は一例にすぎませんが、こんなふうに考えていくだけで、論理的に考える訓練にもなりますし、ここでいう異文化の比較も同時にできます。

「敵を知り、己を知れば、百戦殆《あや》うからず」と孫子が説いたように、まず日本と日本人について徹底的に考えてみます。その上で、英語圏とそこに住む人々についても理解を深めていくのです。

私自身そうでしたが、案外、自分のことも相手のことも知らないことが多く、無知な自分に驚かれるかもしれません。しかし、本書を読み終えるころには、この比較分析が容易にできるようになっているはずです。

STEP2 「英語の文化」と「日本語の文化」を比べない

次に大切なことは、ＳＴＥＰ１でわかった違いに対して、日本の文化にもとづく価値観や先入観を持ち込まないことです。無心で、現実にある違いを受け止めるのです。実際、これはとても難しいことです。しかし、違いを知った段階で、「やはり日本がいい」「日本はおかしい」などと優劣をつけ始めると、あなたの英語力は伸びなくなってしまうでしょう。

ある人は、コンプレックスを持ち、英米人の前に出ると緊張して自分を出せなくなってしまいます。別の人は、英米人の前では傲岸不遜な人間に変身してしまいます。そうなると、もはや異文化学習者としての進歩は止まってしまいます。その結果、ビジネスにも悪影響が出てくることでしょう。

「比べながら、比べない」で何が見えるか

最近、耳にしたエピソードを紹介しましょう。先日私は、ある日本人から次のような相談を受けました。

「ロンドンでビルを買収する案件があり、先週、イギリス人の不動産コンサルタントと現地で商談を持ちました。私の同僚の日本人女性も同席したのですが、彼女が話すたびに、イギリス人の顔が妙にゆがむのです。彼女は日本で育ったのですが、社会人になってから留学してアメリカの大学院で修士号を取ったので、英語は流暢です。

どうして、イギリス人はあんなリアクションをしたのでしょうか？　彼女自身は気づいていないようでしたが、だんまりを決め込んでいた私には、そのイギリス人がどうもイライラしているように見えたのです」

それに対して私は次のように聞いてみました。

「ひょっとして、その女性はイギリス人が話しているときに、何度も彼の話をさえぎって発言しませんでしたか？」

「……確かにそうでしたね。彼女は相手の話をさえぎって、何度も発言していたように思います。もともと日本語でも、人の話を聞かない傾向はあるのですが」

「そうですか。それならば間違いなく彼女のマナーがイギリス人をいら立たせたのでしょう。これはアメリカ人にやっても同じように嫌われます。

一般に欧米人の間では、自分の発言中に相手にさえぎられることをたいへん嫌がるのです。このことを知らないと、欧米人に不快感を持たれやすいのです。

これは日本人に限らず、英語学習者が陥りやすい落とし穴のひとつです。一生懸命話そうとするあまり、自分が話すことに必死になって、相手の発言をさえぎりやすいのです」

そもそも、人と人のコミュニケーションである以上、語学以前の問題がとても大きいのです。

日本人の中には、英語が得意なのに、英語による議論がうまくいかないという人が多くいます。それはすべて、英語の文化と日本語の文化を「比べながら、比べない」というマインドセットができていない点に根ざした問題といえるでしょう。

意識してこの2段階を踏んでおけば、あなたの今後の英語力には雲泥の差が出てきます。不要な緊張やコンプレックスに悩むこともなくなります。やみくもに英単語や英語表現を暗記するよりも、何倍も効果的なのです。

残念ながら、多くの日本人は、こうしたメンタル・トレーニングを過小評価しているようです。しかし、それは自ら英語の上達のチャンスをつぶしているのと同じです。ここはひとつ、「比べながら、比べない」というメンタル・トレーニングに真剣に取り組んでみましょう。

SECTION

3 議論をしながら答えを見つける

欧米人も「根回し」はするのだが……

日本人が就職して最初に覚える大人の単語のひとつに、「根回し」があります。よく「根回しは日本固有のものである」と言う人がいますが、実際は欧米人でも似たようなことをする場合があります。

アイディアを出し合う同僚間のインフォーマルな打ち合わせならともかく、偉い人が出席するフォーマルな会議では、出席者が驚くような発言をすることは、欧米人の間でも好まれません。

たとえば、出席者間のあからさまな利害対立（conflicts of interest）をともなうものや、一部の出席者のメンツをつぶすような発言（face-losing remarks）のことです。このあたりは、日本人や欧米人を問わず、万国共通の普遍的なルールといえるでしょう。

このため、彼らも事前に「意見交換」という名目で自分のアイディアを出席者に伝え、反応を確かめた上で発表することはあります。これは日本の根回しに近いものといえるでしょう。

ただし、欧米人も根回しをすることがあるというだけであって、日本人のようにいつも根回しをするわけではありません。

それに、日本のように、根回しをしておけば、だいたい会議の結果が事前に予測できるというものでもありません。欧米の場合、それは事前の温度チェックにすぎず、実際の会議では予想以上に温度が上がることもあれば、下がることもあります。その場合は、出席者が適宜議論し、結論を出します。

また、自分の提案を議題に乗せる力があって、自分の意見を通す自信がある人なら、特に根回しをせずに、ぶっつけ本番で提案することもあり得ます。

いずれにせよ、事前承認を関係者全員から取っておき、会議は単に決議事項を再確認するためのセレモニーであることが多い日本とは、基本的に異質です。国によっても微妙に異なりますが、基本的に欧米では、会議はあくまで「議論の場」と考えられている点を忘れるべきではないでしょう。

英語の議論で使えるフレーズ 1

「根回し」を英語で表現すると以下のようになります。

① try to find out what reaction your action/idea will get before you do it/tell it.

＊自分の行動やアイディアに対して人々がどう反応するか、実際に行動したり、人に話す前に、何らかの方法で確認すること。

② test the water（test the waters）

＊イディオムを使った表現です。必ずしも根回しと同じではありませんが、「水深を測る」という意味で、この表現が使えるでしょう。先述の「温度チェック」を指します。

③ try to get everyone to buy into your idea before the meeting

＊根回しは consensus building ともいえますが、堅いので buy（in）into the idea/decision という簡単な単語を使ってみましょう。なお、説得の場合には、sell one's idea to 人 となります。その結果、相手は live with the idea/decision となるのです。

SECTION 4

欧米人は「反省」しない?

▼日本人駐在員の悩み、「現地スタッフの言い訳はもう聞きたくない!」

先日、私がブリュッセルで主宰している勉強会で、日本人の会員からこんな質問を受けました。

この人は、日本とフランスの最高学府で学び、国際的な日本の大企業に長年勤めている中年男性です。彼のように国際経験豊かな人でさえも、欧米人の議論の仕方、特に言い訳の多さには常々悩まされているようです。

「言い訳するばかりで、まったく反省しない現地人スタッフに手を焼いています。

先日、日本人の上司から、『君、〈反省する〉とは英語で何と言うのかね。連中に反省させろ』と言われました。〈反省する〉というのは英語でどう言ったらいいんでしょうか。

『君の言いたいことはわかるし、謝ってもらう必要もない。ただ、君が間違ってたのだから、言い訳ばかりしないでほしい。少しは心の中で反省して、次のステップに活かすように考えてくれ』とかみ砕いて言えばいいのでしょうか。それとも、そういう感覚は欧米人には通じないのでしょうか……」

欧米人にとっての「反省」とは？

「反省」という概念は、日本人と欧米人の間では異なるようです。

日本人の目には言い訳ばかりしているように見える欧米人であっても、もちろん反省はします。むしろ、失敗から何かを学ぼうとする姿勢は、日本人以上にある人が多いといってもいいでしょう。

しかし、欧米人にとっての「反省」とは、あくまでも自分の心の中でのことです。自分と神との対話の中で生まれるものです。現実の競争社会の中で、他人に対して示すものではないのです。

また、もちろん個人差はありますが、欧米人は「強気の加点主義」に固執する傾向があります。自分の失敗や欠点を、他人に見せるようなことはしません。自分のミスを他人に率直に言っても、日本のように「謙虚でさっぱりした性格の人」と肯定的に解釈されることはありません。逆に、自分の失敗や欠点をあえて語る「ネガティブで弱い人」というレッテルを貼られるのがオチです。

だからこそ、欧米人はミスをしても徹底的に自己弁護するのです。そして、少しでもプラスの部分があれば、それを誇張する傾向があるのです。

そこで、わたしたち日本人としては怒りを抑えて、まるで相手が当事者ではないかのごとく、ふるまう必要があります。「どうやったらこの状況を改善できるのか」と前向きに、相談口調で聞いてみるのです。すると、相手も自分のミスはわかっているので、耳を傾けてくるはずです。これはなかなか難しいのですが、うまくできるようになると、確実に欧米人とのコミュニケーションが深まります。

「反省」を英語で何と言う?

それでは、「反省」を具体的に英語で表現してみましょう。

堅い表現としては、

introspection
soul-searching

という言葉があります。

両方とも「頭の中で、自分の考えや感情とじっくり向き合い、長い間、考え続ける」といったニュアンスがあり、日本語の「反省」とは少し含みが違います。

しかも、こうした表現は相手を説得するのには向きません。感情がこもっておらず、状況描写用の言葉だからです。

そこで、先ほどの質問に答えるならば、下のような表現を使ってみるとよいでしょう。

①のWhat can we do...? という問いかけは、まずweを使っているので、仲間意識を呼び起こす効果があります。相手1人を詰問するのではなく、一緒に問題を考えていこうという姿勢です。

Point

① What can we do to make sure that this problem won't happen again in the future?
(問題の再発を防ぐには、どうしたらよいでしょうか？)

② There seems to be a problem here. What can we do to address it?
(問題があるようですが、どうすれば解決できるのでしょうか？)

さらに、Yes・No で答えられない質問なので、相手にかけるプレッシャーも少なくてすみます。これは開放型の質問と呼ばれるものです。

◆「大きな逃げ道」を用意してあげることが大切

いずれにせよ、「反省」とは「失敗から学ぶ姿勢」のことですから、その意味を文字通り英語にすれば、国籍にかかわらず誰でも理解できるはずです。

次のページの表現では、「君の気持ちはわかるよ」と先に言いながら、結局は「失敗」という有無を言わさぬ強い言葉を使って、相手の心理を揺さぶるわけです。

建設的批判（constructive criticism）とは、要するに相手に逃げ道を残しておくことです。ただし、欧米人の場合は、日本的感覚からすると、かなり大きな逃げ道を与えておかないとなりません。さもないと、聞きたくもない言い訳をたくさん聞かされるのがオチです。

結局、わたしたちの常識は彼らの非常識、彼らの常識はわたしたちの非常識、であることが多々あるのです。こうした違いを踏まえ、間合いを取りながら異文化マネジメントを行なっていく、そういう力が大切なのです。

を見ぬ、になるな」「視野狭窄《きょうさく》（tunnel vision）を避けよ」といった複雑なニュアンスを簡潔に伝えることができる便利な表現です。

ポイント③

from failure ですが、定冠詞を使わずに一般論のように響かせて、非難の程度をやわらげるのもテクニックのひとつです。

the failure と定冠詞をつけてしまうと、「おまえのミス」といった強いニュアンスになります。「学べ」という前向きの言葉を使うことによって、もっともらしく、建設的な印象を与えられるのです。

◆関連表現（建設的批判）

— I'm sure mistakes like that should be avoidable.
（ああいったミスは回避できたのでは）

— I guess more thought should have been put into that.
（もう少し慎重に対処すべきだったのでは）

— That was not as good as it could have been.
（改善の余地があったのでは）

— That's so unlike you.
（君らしくないじゃないか）

英語の議論で使えるフレーズ 2

どう言っても、相手の態度が一向に変わらず、反省しない状況であれば、もう少しちくちくと刺す言葉をいれてみてもいいでしょう。

I know what you mean, but you need to realise that will get you nowhere.
(You want to) Bear in mind that you have to put things in perspective and learn from failure.

ポイント①

get you nowhere というのは「らちがあかないよ、それじゃ進歩はないよ」という意味ですが、上述の例のように that というあいまいなコトバを用いて、ぼかすのもひとつの手でしょう。

ここでいう that の含み、は Making such an excuse（そんな言い訳をして）のことですが、「言い訳」と断定して相手を刺激したくないときに使えるでしょう。

ポイント②

put things in (to) perspective は、絵画で使う遠近法のことです。要するに「近視眼的になるな」「木を見て森

SECTION

5 「誰」が話したか vs. 「何」を話したか

▼日本人は反論されると、自分まで否定されたように感じる

「あの人があんなこと言うなんて」

「彼がそう言うのだから」

…………etc.

日本人のコミュニケーションを読み解くカギは、属人性です。

日本人にとって大切なことは、「何」を話したかよりも「誰」が話したかです。さらには、その誰の「心」です。このため、相手の主張に対して反論することは、その人の人格否定につながり、よって「反論はタブー」という公式が成立するように思われます。

たとえば、日本人を相手に理路整然と反論したらどうなるでしょうか？

おそらく、「ケンカ売ってんの？」とか、「理屈はもういいよ」と反発してくる人が少な

からず出てくることでしょう。こういう反発を招く反論は、「破壊的批判」(destructive criticism)と表現されるものです。日本人の間での反論は、たいてい「破壊的」と受け止められるのではないでしょうか。建設的批判(constructive criticism)を展開する余地が、きわめて少ないように感じられます。

先ほど述べた「欧米人の言い訳にイラつく」傾向にしても、裏を返せば、反論されると自分も否定されたように感じる日本人のメンタリティーを物語っているのでしょう。

日本では、相手に対して少しでも反論するだけで、逆恨みされる確率が高いといえます。もちろん、相手に脅威を与えないようにすることは、古今東西を通じて共通の処世術です。欧米であれ、アジアであれ、それは同じです。

問題となるのは、日本人の場合、欧米人ならば決して脅威と感じないような行為に対しても、敏感に反応して不快感をあらわにする傾向といえるでしょう。

欧米人の反論に対して、感情的になるな!

一方、古くから多民族社会であった欧米では、異なる意見(異見)と共生することに慣れている人が多いようです。

「異見」と共生する社会において大切なルールは、「意見と人格は別モノ」ということにつきます。「誰」が話したかよりも、「何」を話したか、が大事にされます。この意味では、欧米は反論が受け入れられやすい社会といえるでしょう。

「長年、欧米人とともに働いてきて、最も変わったことは何ですか」と問われれば、私はこの視点、つまり「異見から学ぼうという姿勢」をあげたいと思います。

私は自分のアイディアが完璧だとは思っていません。生焼けの状態であってもよいから、まずはまな板の上に乗せ、あとから加工していったほうがよいものが生まれやすい、と思っています。

したがって、建設的な意見であれば、自説とは違っていてもどんどん取り入れたいと考えています。また、反論も適宜行なうべきだと考えています。これは、日本にずっといたら、おそらく得られなかった視点といえるかもしれません。

もちろん、相手の異見や反論にすべて同意する必要はありません。しかし、ひとつの心のあり方として、「人の考えを聞いて、できるだけ自分の考えを改良していこう」という前向きで柔軟な発想は、欧米人と議論するときには必ず役立つ視点といえるでしょう。

SECTION 6 集団の中でどう自己主張するか

自分の居場所を見つけるために、欧米人だって集団の中で必死なのです

「パーティーは絶対はずすな。ただし最後までいる必要はない。
さっと会場を歩き回ってみんなにあいさつしろ。笑顔を絶やすな。
『目撃』されるようにふるまえ。出席することに意味がある。
そうしないと、anti-social（人づきあいの悪い）のレッテルを貼られて、
おまえはおしまいだ」

これは、かつてロンドンで働いていたころ、インド系英国人の友人からいつも聞かされていた忠告です。

ところで、日本では、「欧米人は個人主義を貫き自分のライフスタイルを最優先する」と考えている人が少なくないようです。要するに、会社でのつきあいなどよりも、家庭や友

人を優先するというイメージです。

確かに欧米人は、仕事が終わったあとに同僚とカラオケに行ったりすることはありません。しかし、会社のパーティーや歓送迎会などは別です。こうした会社主催の場であれば、何であれ、まずは「出席すること」が大切です。「アンチ・ソーシャル」というレッテルを貼られないために、そして集団の中で自分の居場所を確保するために、欧米人もみな必死なのです。

ところで、欧米の個人主義社会とは、どのように定義すればよいのでしょう？

日本人が一般的に理解しているような「集団よりも個人が優先される社会」なのでしょうか？

違います。

確かに、欧米人は簡単には妥協しません。自分の主張を徹底的に貫くため、たとえば転職率や離婚率などは日本よりも高くなる傾向にあります。このため、一見すると、

「自己主張　＝　個人優先　＝　個人主義」

と外国人の目には映りやすいのですが、個人主義とはそんな単純な概念ではありません。

これは本質的にキリスト教の概念であり、「個人と神の関係」が、「個人と個人の関係」や「個人と集団の関係」よりも優先されるのです。この結果、欧米人は他人と違う自分に価値を見い出すのです。

ただ、集団の中で摩擦をできるだけ少なくして平和に生きていきたい、という気持ちは人種を越えた人間の共通心理でしょう。程度の差こそあれ、やはり、人の目を気にしたり、チームプレイヤーとして見られたいという気持ちは、欧米人も日本人と同じように持っているのです。

自分を少しでも良く見せようとするカルチャーがある

欧米人も日本人のように「集団の中で自分の居場所を見つけたい」と思っているのであれば、両者の決定的な違いは何なのでしょうか？

欧米人は常にプラス思考にこだわり、マイナスと受け取られることは徹底的に避けようとする、そこに決定的な違いがあると私は思っています。

欧米は熾烈な競争社会です。一番足の遅い人に歩調を合わせてくれる社会ではありません。原則として、強者の論理に支配されています。こうした社会では、一度でもマイナスのイメージを持たれるとハンデを背負うことになります。

このため、日本のように積極的に自分の弱みを見せたり、ばかを演じる人はあまりいません。誰もがプラス思考にこだわります。「いかに自分を良く見せるか」、「いかに賢く、強い自分を演じるか」ということに、みな人一倍神経を使うのです。

さりげなく自己主張するためのテクニック

そうはいっても、自慢をしたり、過度の自己主張をする人は、欧米でも嫌われます。そこで、レトリックを駆使して、さりげなく表現する必要が出てくるわけです。ただし、これは、あくまで「欧米人にとってのさりげなさ」であり、日本人の感覚からすると「さりげない」とはいえないかもしれません。

しかも、「さりげなさ」の程度は、アメリカとイギリスでは違います。また、同じ国の中であっても、出身地や人によって異なります。

たとえば、東海岸のニューヨークに長く暮らしていて、西海岸のロスアンジェルスに転勤になったイギリス人の例を紹介しましょう。

ちょうど彼が西海岸のアメリカ人に、初対面のあいさつの中で、自分の経歴をくわしく説明したときのことです。そばで聞いていた私には紳士的なアプローチに思えたのですが、あとでそのアメリカ人が私につぶやきました。「何て堅苦しい野郎だ」と。

おそらく、東海岸の生活が長いイギリス人は「利口な強者」を、彼なりの尺度で「さりげなく」演じようとしたのでしょうが、西海岸のインフォーマルな雰囲気にはなじまなかったのかもしれません。

いずれにせよ、嫌な目にあわないという目的は同じでも、「利口な強者」を演出する欧米人と、「愚かな弱者」を演出する日本人の間では、誤解が生じても何だか仕方がない気もします。

欧米人に嫌われない自己主張の仕方

「英米人は何でもはっきりモノを言う、白黒をはっきりさせる」と日本ではよく言われます。しかし、実際には、社会的地位の高い英米人が断定的な表現を使うことはめったにありません。

英語ではこれを tactful あるいは diplomatic というのですが、断定することを避け、ものごとを玉虫色に表現する方法をいくつか紹介しましょう。

① With all due respect, you haven't really answered my question.
お言葉を返すようですが、質問にお答えいただけないでしょうか。

With all due respect は、相手のミスを正すときなどに使えます。「間違いを指摘するけれども、あなたへの尊敬の気持ちは持っているよ」と間合いを取る手法です。日本語に訳すと、うさんくさく響くかもしれませんが、案外こういった枕詞が大切なのです。

② Absolutely no criticism is intended, but there has been a breakdown in our communication.

非難するつもりはないのですが、コミュニケーションの面で改善の余地があるのではないでしょうか。

一般論ですが、欧米人は自分の非を簡単に認めません。徹底的に言い訳します。だから、頭ごなしに相手の非を責めても効果はありません。怒るだけ損です。

それでは、どうしたらよいのでしょうか?

相手を批判してもいいのですが、あくまで個人攻撃ではないような響きを持たせることです。「持たせる」という点が大切です。何も問題に対して見て見ぬふりをする必要はありません。

先ほども出てきましたが、これを「建設的批判」（constructive criticism）といいます。難しく聞こえるかもしれませんが、要するに相手に逃げ道を残しておくことです。そのときに役立つのが、日本的感覚ではやや薄っぺらく感じられる言葉を挿入しながら、問題の所在を論理的に明らかにしていく手法です。

こちらも人間だから頭にくることもあるでしょう。非難めいた口調になることもあるでしょう。それはそれでいいのです。ただし、そうなってきたら、こういう言葉を頻繁に挿入して、あたかも「建設的な」意見のように響かせる工夫が必要です。

そんなのは小細工だ、と思われるかもしれません。

しかし、相手はわたしたちと違って、「言い訳は男らしくない」といった価値観をまったく持ち合わせていない生きものなのです。だからこそ、相手のルールで戦うしか方法はないのです（You have to beat them at their own game.）。日本的価値観で判断して頭にきても、空振りに終わるだけなのです。

もちろん、相手もよほどおかしな人でない限り、自分に非があることはたいていわかっています。「非難するつもりはまったくないよ」という、日本語にするとうさんくさく響く言葉を、驚くほど素直に鵜呑みにし、あなたの主張に耳を傾けてくることでしょう。

③ I wouldn't rule out the possibility.

そういう可能性は、必ずしもないとは言い切れません。

私は、この表現をこれまで何度となくアメリカやイギリスで耳にしました。ほとんど可能性がないのにもかかわらず、「ない」と明言しない人が多く、彼らには何度となく辟易《ヘキエキ》させられたものです。

しかし、こういう表現にも慣れておくと、思わぬ場面で効果を発揮します。

④ debatable

議論の余地のある

これは、相手が断定的な言い方をした場合に、たしなめる言い方です。相手が、

This is the best option available.

これが最善策です。

と断言したときに、

I agree it is one of the more feasible options but whether it is the best is still debatable.

実現可能性の高いオプションのひとつではあるけれども、最善かどうかは、まだ議論の余地があるのではないですか。

と言い返せば、相手も納得せざるを得ないでしょう。ついでにThat is debatable.(それはどうですかね)も覚えておきましょう。

⑤ It seems to me that...

わたしは……と思う。

英語におけるI(わたし)という単語は非常に強い響きがあります。強い響きがある以上、繰り返し使うと、我の強い人間と勘違いされるリスクが高まります。

しかも、一般に英語では「なるべく同じ言い回しをしない」というルールがあります。

したがって、さまざまな言い回しを用いて持論を展開したほうが、聞き手の耳に心地よく、響くのです。当然、あなたの主張が受け入れられる確率も高まっていきます。

I think…／I believe…

ばかりを連発するのではなく、

It seems to me that…／It occurs to me that…／It strikes me that…

とするだけで、あなたの英語の響きは大きく変わってくるはずです。

⑥ You and I…

Point

一般論を語るときの３つの主語の違い

①One……とても堅い。会話で使うと不自然に響いたり、気取って聞こえる。

②We ……「ウチ」と「ソト」の含みあり。意図せず、排他的な印象を与えるリスクあり。

③You ……自分も相手も含む一般論を語るときには一番無難な主語。

あなたと私……

自分と他人を同時に主語にする場合、他人を先に言うことが英語のマナーです。Tom and I が正しい語順であり、I and Tom と言えば、自己主張の強いやつと誤解されるでしょう。たとえ目下の人間でも相手を立てます。

たとえば、My daughter and I…と言ったほうがいいでしょう。それから、自分について語るとき、I（わたし）という言葉で始めると、I を連発しなければならなくなります。すると、意図せずとも聞き手の耳には尊大に響きやすくなります。

そこで、「一般論の You」の存在価値が出てくるわけです。日本の学校では、この重要な主語 You の意味について一切説明せずに、単純に「これは一般論の You です。『人は』と訳しなさい」と教えているようですが、これではまったく説明になっていません。

そうではなくて、上述のように、コミュニケーションを円滑にするために、この主語が使われているのです。さもなければ、傲岸不遜なやつと誤解され、敬遠されるのがオチだからです。

以上は一例にすぎませんが、日本人の耳には必ずしも「さりげなく」響かなくとも、英米人の耳には確実にさりげなく響く表現を覚えておくと、議論においてあなたの主張が受け入れられる確率はグンと上がっていくことでしょう。

SECTION 7

「バカ」を演じる大人、「教養人」を演じる大人

日本人が口を開けば、いつもゴルフの話題ばかり

先日、知り合いの企業幹部が、ふと、こんなことを漏らしました。

「日本人の間の話題はとても限られている。まず何よりゴルフの話題。野球の話。そして下ネタ。あとは週刊誌の話題……このような一般化を試みても、あながち誤りとはいえないのではないだろうか。少しでも教養がかった話をすれば浮いてしまう。そういう空気がある。

一方、欧米では、会話を楽しむ文化があるといえるのではないだろうか。日本でいう堅い話ができて、初めて大人の教養人と見なされるようだ。言葉の違い以前に、話題ひとつをとってみても、日本人と欧米人の間には大きな隔たりがあるといわざるを得ない」

この話を聞いていて、著者は「カゴヤサマ」という言葉を思い出しました。

「カゴヤサマ」＝カラオケ、ゴルフ、野球、酒、マージャン

ひと昔前の日本のサラリーマンの成功方程式です。野球と麻雀がやや廃れかけてきているのを除くと、今でも十分当てはまりそうです。

堅い話や理屈を言わないのがオトナ……これが暗黙の了解である社会では、欧米的な堅い話をすると嫌がられます。教養をにじませれば、「ウンチク」と一蹴され、理路整然と正論を口にすれば「理屈っぽい」で片づけられてしまいます。

そして、「青臭いことを言うな」、「酒がまずくなる」などと言われて話題を変えられるのがオチです。

だから、エリートを含めて誰でも、先述した「カゴヤサマ」の話か、週刊誌の話題、または女性関係にまつわる自分のばか話をして、和を乱さないようにする傾向があるようです。

確かに、ちょっと考えただけでも、「能ある鷹は爪を隠す」、「出る杭は打たれる」など、この種の表現が日本語には無数にあります。つまり、処世術のひとつとして、実力以下に落としてしゃべる技術が日本では不可欠なのでしょう。

実力を落として相手の警戒を解く手っ取り早い方法が、自虐ネタや忘却力でしょう。ば

かを演じたり、忘れっぽくふるまったりすることは、「器が大きい」とポジティブに解釈される傾向があるのではないでしょうか。「鷹揚さ」、「茫洋さ」という日本語表現にも、そんなニュアンスがにじみ出ているような気がします。

雑談のときも、相手はあなたを値踏みしている

欧米人と議論する場合に、一番多い場面は何といっても会議でしょう。しかし、会議中だけが大切なわけではありません。英語で size you up といいますが、会議の間の休憩時間や昼食中、あるいは夕食や酒席での、何気ない会話の中で、相手はあなたを値踏みしています。

たとえば、酒席を例にとれば、日本的な感覚は危険といえるでしょう。日本では「酒の席のことで」と言えばたいていのことは許されます。しかし、欧米であれば、たとえば山手線の最終列車に乗っている酔っ払いの多くは性格破綻者としてリストラされることは間違いないでしょう。

大げさな話ではありません。アルコール依存症の問題が深刻な欧米では、公衆の面前で泥酔して醜態をさらすような人は、自己管理能力が欠落しているとして軽蔑の対象となります。個人レベルでも、集団レベルでも、そうした人に対する寛容さは、一切ないと言っ

ても過言ではないでしょう。

同じく日本では、女性関係の話も好意的に解釈されます。本音を他人に見せてくれる信用できるヤツ、正直なヤツとポジティブに理解されます。

しかし、基本的に、欧米人とはその種の話はしないほうが無難です。妻帯者が現在、浮気していることを公然と口にすれば、宗教上の罪を犯した悪人、あるいは性格破綻者と見なされるでしょう。同様に、妻の悪口を言ったり、「うちの愚妻が」などと口にするのもやめたほうがいいでしょう。人格を疑われるだけです。

もちろん、家庭生活に疲れ切っている人や、浮気をしたり風俗に通ったりする人は、日本と同じようにいます。しかし、それはプライベートな事柄であり、他人に言うべきことではないと考えられているのです。

◆欧米人はさりげなく「教養」をひけらかす

欧米人と対等に議論や交渉をするには、まずは同じ目線に立つことが必要です。ある程度、相手のルールにもとづいて行動し、まずは彼らに一目置かれる人間を演じることが肝要なのです。

そのためには、日本人の感覚では、キザと思われるくらい教養をにじませることも大切です。ちなみに、ここでいう「教養」とは、自分の専門（仕事）以外の幅広い分野のことです。文学、哲学、音楽、自然科学、世界情勢、異文化論など、不断のインプット努力が欠かせません。

もちろん、こういう話は会議中はしません。しかし、先述のように会議の外における会話が案外大切なのです。食事中は仕事の話を嫌がる欧米人も意外と多いのです。そんなときに、上手な聞き役として、相手の興味のある話題に臨機応変に対応するには、常日ごろから守備範囲を広げておく必要があります。

「実力以下の自分」を演出する日本人に対して、「実力以上の自分」を演出する欧米人たち……。そんな相手に対して、ばかな自分を演出していては、どういう結果になるかは明らかでしょう。

SECTION

8

「全員賛成」の議論などあり得ない

▼「墓場の静けさのような全会一致」

欧米では「全会一致」は必ずしも肯定的にとらえられていません。民主主義の精神として少数派意見の尊重があるからです。

一方、日本では、全会一致こそ民主主義である、と考える人が多いようです。

ちなみに、この点に関して

the unanimity of the graveyard

墓場の静けさのような全会一致

という面白い表現があります。これはアメリカのバーネット判決（信仰上の理由から学校で星条旗への敬礼を拒否し放校された生徒の親が訴えたケース）に出てくるもので、

Compulsory unification of opinion achieves only the unanimity of the graveyard.

意見の統一を強制しても、墓場の全会一致のようなものだ。単に反対者が根絶され、残るのは墓場のような静けさだけである。

として、国旗敬礼強制は、合衆国憲法上、違法であるとの判決が下されました。全会一致の持つ不自然さに、司法が警鐘を鳴らした歴史的な事件といえるでしょう。

議論を活性化する「悪魔の支持者」

全会一致の対極にあるのが、「ブレインストーミング」です。日本でも浸透してきているようですが、自由な雰囲気の中でアイディアを出し合うミーティングのことです。議論を通して「創造的摩擦」（creative abrasion）を引き起こして、一段高い視点を得ることを目的としています。

これを効果的に行なうひとつの手段として、意図的に「悪魔の支持者」(devil's advocate) という憎まれ役を会議参加者の１人に演じてもらう場合があります。

悪魔の支持者とは、もともとカトリック教会の「列聖調査審問検事」(ラテン語 *advocatus*

diabolí: beatification and canonization のプロセスで、聖者候補を審問する者）のことです。

欧米の建前として、議論の活性化のためには、論理の誤謬を指摘し正すことを善しとする風潮があります。

この表現は、一部の英米人には「いつも反対意見を述べる天の邪鬼」と誤解されているようですが、本当は「ほころんだ論理を素早く見つけて反論する人」のことを指します。

悪魔の支持者は「憎まれ役」覚悟で、徹底的に、

「そうかな？」

「なぜそう言えるの？」

「本当にそれが問題なのかな？　問題よりも、現象にすぎないのでは？」


などと、しつこく、理屈っぽくからんでいきます。

ケネディー大統領もキューバ危機の時に使った手法で、弟のロバートにその役をやらせました。この結果、激しい議論が展開し、相当良いアイディアに収斂したようですが、ロバートは周囲からかなり煙たがられたようです。

このようにコトバの魔術師ともいえるアメリカ人のエリート政治家でさえも、必ずしも「悪魔の支持者」をうまく使いこなせるとは限らないようです。だとすれば、われわれ日本人がこうした高等テクニックを使いこなすことは難しいでしょう。ですから、万一こういう手法を誰かが使ってきたときに、「これは悪魔の支持者だな」とピンとくるぐらいの認識で十分でしょう。

なお、日本と欧米の違いはあっても、本質的に人間は批判や否定をされることを好まない生きものですから、あえて使うときは、

I'm just playing（the）devil's advocate...
悪魔の支持者・代弁者ですが……

と、おどけた枕詞として使いながら、批判を展開する場合が多いようです。

なお、異論や異見を衝突させて一段高い視点に到達する方法は、弁証法などで体系化され、現代のディベート技術に伝承されていますが、一般の議論においても、欧米人はこうした視点を大切にしているのです。

コーヒーブレイク①

国際会議で体験する「いま、どこ?」の恐怖

私の主宰している勉強会の会員である藤井敏彦氏に、国際会議での経験談を語ってもらいました。藤井氏は現在、経済産業省からJBCE(ブリュッセル)に所長として出向中です。

＊

のどはからから手は脂汗でじっとり……。

あらゆるものが国際化していく昨今、公務員も英語の会議の恐怖と無縁ではいられません。外交官としてトレーニングを受けている人はいざ知らず、霞ヶ関村の住人の中には過去の英語での交渉がトラウマになっている人も少なからずいるのでは? かくいう私もその一人です。酒席での自虐的な笑い話の種ですんでいるうちはよいのですが、国益をかけた交渉で失敗は許されません。

霞ヶ関では国際会議について、二国間交渉を「バイ」、多国間会議を「マルチ」と呼び習わしています。国連やAPECといった加盟国が一斉に集まって議論する場がマルチの典型です。そして、多くの公務員を不安に陥れるのは、何といってもこのマルチなのです。

その原因はずばり「イマドコ」現象です。「いま、どこ？」……これは即興演奏をしているジャズ演奏家が曲の進行を見失ってしまう状態と同じです。「俺は今どこを弾いてるんだ？」と。

＊

マルチの会議で議論の流れを見失うこと、これが国際会議版「イマドコ」です。

二国間会議では相手は少なくとも自分の話を聞いてくれるし、相手に質問することも比較的容易といえます。しかし、マルチ会議ではお構いなくどんどん議論が進んでしまい、気づいたときには大勢が決している、ということも起こり得るのです。最悪の場合、仕方なく唐突に用意していたメモを読み上げ、とりあえず言うことだけ言って終わることになりかねません。

こんな「イマドコ」状態を避けるためには、まず聞く能力を磨かないといけません。

現在、私はブラッセルで対EUロビーイストとして働いておりますが、日本の産業界の交渉を見ている限り、的外れな応答の原因の大半は「相手の発言が聞けていないこと」にあるように思えます。

「イマドコ」のもうひとつの原因に、マルチ会議では集中力の持続が非常に難しい点があげられます。どんな会議でも、的外れなことを延々と話す人はいるものですが、多くの聴衆を前に話すことで自己陶酔に陥るタイプは、マルチ会議で脱線する傾向が一層顕著になります。

しかし、ここで油断すると、突然、重要な展開があった場合に取り残されてしまいます。

私の経験から有効な対策をひとつ。座席が選べるときはできるだけ議長や相手側に近いところに座りましょう。日本人は隅っこに席を取りがちですが、これは最悪です。どーんと真ん中に座ってみましょう。集中力が違ってきます。「え、こんなに聞けるんだ」と意外な発見があるかもしれません。

＊

著者注　わたしたちの脳（耳）に大きな問題がある点は否めません。ただし、「たとえ聞けたとしても、効果的な議論を展開できる術《すべ》を本当に日本人は持っているのだろうか？」、「日本語でも本質的な議論ができるのか？」という問題意識を持ちながら、本書を執筆した点を指摘しておきます。

Column

議論にかんする名言・名句

The object of oratory is not truth,
but persuasion. －Thomas Macaulay－
(弁論の目的は真実ではなく、説得である〈トマス・マコーレイ〉)

Logic is like the sword-those who appeal to it, shall perish by it. －Samuel Butler－
(論理は剣のようだ。論理に訴える人は論理に滅ぼされるだろう〈サミュエル・バトラー〉)

Speech is silver, silence is golden.
(雄弁は銀なり、沈黙は金なり)

Too many cooks spoil the broth.
(船頭多くして船、山に登る。多すぎるコックはスープを台無しにする)

The squeaky wheel gets the grease.
(キーキー音が鳴る車輪は油を差してもらえる。ゴネ得、言ったもの勝ち)

Ah. Don't agree with me. Whenever people agree with me, I always feel I must be wrong.
－Oscar Wilde－
(僕に賛成しないでくれ。誰かに賛成されると、どうしても自分が間違っているような気分になってしまう〈オスカー・ワイルド〉)

文山会海
(文書の山と会議の海。中国の官僚を揶揄するコトバ)

第2章

ロジカル・シンキング

「論理力」で欧米人に勝つ！

CHAPTER ● 2

欧米人の議論は「頭と頭のぶつかり合い」です。

言葉と言葉、原則と原則が、火花を散らしてぶつかり合う。

彼らはどういうロジックを展開してくるのか。

そういうロジックに日本人はどう対抗すればよいのか。

SECTION 1

言わなくてもわかるはず？

「この案」ってどんな案？

「この案、なかなかいけそうだね」
「そうだね、これでいこう」

腹芸、あうんの呼吸、以心伝心。
みなさんの職場でもよく見かける光景ではないでしょうか？
ところで、こうしたやりとりは欧米人の目には、どのように映るのでしょうか？
おそらく、彼らの頭は、すぐに疑問の嵐でいっぱいになってしまうことでしょう。
「この案」とはどんな案なのか？
「なかなかいける」とは具体的にどういうことなのか？
「そうだね」とは何に同意しているのか？

……まったくわかりません。

こうした意思決定は、彼らには不可解な出来事として映るはずです。

日本人は伝統的に短く伝えることが得意です。古くから「言霊《ことだま》の幸《さきは》ふ国」というように、

「言葉には不思議な力がある。神を通じて人に伝わる。だから言葉は短くてもいい」

「言葉にすると、縁起の悪いことまで現実化してしまう。だから余計なことは口にしないほうがいい」

という考え方があるようです。

日本人は、ある意味で欧米人よりも高い視点から、瞬時にものごとを判断することに長《た》けているといえるかもしれません。

その一方で、短く伝える文化は、論理の軽視にもつながっていきました。論理を追求したり、たくさんの言葉を用いて、より明確に説明しようとすると、

「理屈っぽい」

「あからさまにずけずけ言うな」

などと、たちまち一蹴されてしまう土壌が日本にはあります。これはビジネスでも決して例外ではなく、契約書ひとつをとっても、この傾向は否めません（3章5項参照）。

「理屈っぽい」という表現の裏には、「言わなくてもわかるべきだ、わからなければ相手が悪い」と考えがちな日本人の精神構造が潜んでいるようです。何よりも大切なことは、以心伝心、つまり相手の気持ちを察する能力であり、空気を読む力です。そして、それをせずに「ごちゃごちゃ」言う相手は、マナー知らずのうっとうしい存在として一蹴されてしまうようです。

たとえば、「とにかく、やり直せ」、「ダメなものはダメだ」と上司に怒られた経験のある方は多いでしょうが、こういうとき、案外その上司の頭の中では、具体的に何が問題なのかを明確には把握していないことが少なくないようです。

▼欧米人は「言ってくれなきゃ、わからない」と考える

短く伝える文化というのは、多くのことを「自明のこと」として省いてしまう文化ともいえるでしょう。「そんなわかりきったことを言わせるな、言うな」という発想です。

こうした省略化の良さはありますし、文化としても大切だと思いますが、欧米人とのコミュニケーションにおいては、デメリットが目立ってしまいます。

第1に、欧米人との人間関係に影響してきます。

たとえば、日本人は、欧米人と比較すると、身内の人に感謝の気持ちを口にする頻度が少ないようです。人によって程度の差こそあれ、多くの日本人は、家でもあまり奥さんをねぎらいません。会社でも同じです。いちいち部下に「よくできている。ありがとう」などと褒めることはありません。省いてしまいます。

実は、これが欧米人にはこたえます。

ある仕事を80パーセントのレベルで仕上げても、その80パーセントに対して日本人上司は何のコメントもしません。

無言、無表情、ピリオド……。

そして残りの20パーセントを取り上げ、どうして問題か、どのように修正すべきか、と注文し始めます。

良くいえば、出来上がりの品質を100パーセントにまでもっていこうとする、飽くなき改善スピリットでしょう。

悪くいえば、「他罰的な完璧主義」でしょうか。

いずれにせよ、注意や注文に熱中するあまり、ねぎらいの言葉は完全に忘れ去られてしまいます。

しかし、言葉を大切にする文化においては、言わなければ決して伝わりません。職場には不満がどんよりと鬱積していき、ある日、突然、頼りにしていた欧米人の部下が辞めてしまうということになります。ねぎらいの言葉がないだけで、自分は低く評価されていると判断してしまうのです。

そんなときになって、「私はずっとあなたを高く評価してきた。いちいち口にはしなかったけど、それはわかってくれていると思ったんだけどなあ」などと言っても、手遅れです。

ここで大切なことは、世界には口に出して言わないとわかってくれない人たち、お互いの気持ちを察し合わない人たちもいる。そういう異質な人たちとつきあっているのだ、と強く認識することなのです。

SECTION 2
「こころ」に訴える vs. 「あたま」に訴える

欧米人の恫喝に対して感情的になるな

数年前、アメリカのバブル絶頂期に日本に新規参入してきたアメリカ企業が、最近どんどん日本から撤退しているようです。

pull the plug（コンセントを抜く→撤退する）という表現にもあるように、アメリカ企業のトップは、一般的に短期勝負をかけてきますので、いくら日本の経済環境が悪化していると言い訳しても通用しません。数年で利益があがらない事業には冷徹かつ即座に、撤退の決断を下します。

そんな中で、ある外資系日本法人の社長だったAさんは、ある日、出張中の本社役員からホテルの部屋に呼ばれました。部屋に入るや否や、嫌な感じはしたのですが、その予感は見事に的中しました。

「君のパフォーマンスには落胆した」という言葉から始まり、「おまえの無能さには呆れた」、「おまえのせいで会社は莫大な損失を被《こうむ》った」、と延々と長演説を聞かされた挙句、即刻退任を迫られました。この種の人格攻撃に慣れていないAさんは、完全に頭に血が上ってしまいました。そんな矢先、役員の横に座っていた弁護士が、「この書類にサインしてください」とおもむろにつぶやいたのです。

カッとなっていたAさんは、特に契約書の内容をくわしく読むこともなく、「ごたごたうるさい、辞めてやる」と啖呵《たんか》を切ってサインしてしまいました。

その契約書には、2年前の社長就任時に決めてあった、解任時のさまざまな手当を無効とする内容が記されていました。Aさんは、契約書をよく読むことなくサインしたため、変更内容に「同意」したことになってしまいました。そして、本来もらえたはずの解雇補償金をもらい損ねてしまったのです。

ハートの部分では許せなくても、マインドを切り離して、冷静に対処するべきだったのです。稚拙な恫喝《どうかつ》にのまれずに、「弁護士と相談してから、再度ご連絡させていただきます」と早めに部屋をあとにしていれば、そんな状況は回避できていたはずなのですが。

▼日本人はハート（こころ）とマインド（あたま）を一緒にして議論している

ハートとマインドが出てきましたが、この2つの違いは何でしょうか？

日本の英和辞典を見ると、いずれも「こころ」と訳されていますが、実はこの2つは対極にある言葉なのです。ハートは感情（こころ）であり、マインドは理性（あたま）です。日本人がなぜ議論下手かというと、「ハート」と「マインド」を区別せず、一緒くたにしてとらえる感覚があるからかもしれません。

たとえば、日本の政治家は好んで「心と心の触れ合い」という表現を用いて、民衆の「こころ」に訴えかけます。かつては故福田元首相も使っていましたし、最近でもよく耳にします。特に、政治家の失言の言い訳には、「真意は経済協力よりも、相互の国民的理解を前提とする心の触れ合いを強調することにあった」などと、頻繁に使われているようです。

しかし、ここに日本人と欧米人の違いが出てくるのです。

この表現を英語にすると、heart-to-heart talk あるいは heart-to-heart contact と訳せますが、これでは欧米人にはピンときません。なぜなら、一般的に欧米人には「政治家がハートとハートで語り合う」といった感覚がないからです。

欧米人の間で可能なのは、meeting of (the) minds です。ハートという「こころ」ではなく、マインドという「あたま」。つまり、言葉と言葉の接触のことです。原則と原則のぶつけ合いのことです。国レベルにおいては、イデオロギーとイデオロギーの接触といってもいいでしょう。

欧米人にとっては、「ハートとハートの触れ合い」は、家族やごく親しい友人の間でのみ可能なことです。そもそも、心というものは他人に見せるべきものではない、とさえ考えられています。したがって、欧米人は原則として、国レベルはおろか、会社の会議でも、heart-to-heart talk などあり得ないと考えるわけです。

一方、「原則論はそのへんにして」、「理屈としてはそうなのですが」などが口癖の日本人には、マインドとマインドのぶつかり合い、言葉と言葉の接触、原則と原則のぶつけ合い、と言われてもピンときません。

もちろん、日本人にせよ、欧米人にせよ、同じ人間である以上、感情の動物ともいえるでしょう。しかし、欧米ではなかば強迫観念的に、「議論において感情は出すな。何としても抑えろ。原則に忠実たれ」と考える人が多いのです。このため、日本人が生理的に受けつけにくい理屈や屁理屈を用いた説得を試みるのです。

「理屈は美徳」と考えられている社会で暮らす欧米人と、「理屈は悪癖」と見なされる社会で生きている日本人……。この2種類の人々が、そのまま議論をしてもかみ合わないのは、何だか仕方がない気もします。

Column

起承転結では欧米人を説得できない

日本型	欧米型
大阪本町いと屋の娘（起）	大阪本町いと屋の娘の 眼は魅力的（起・結）
姉は十六、妹は十四（承）	姉は十六、妹は十四（承）
諸国大名は弓矢で殺す（転）	黒目がちな大きな瞳に（承）
いと屋の娘は眼で殺す（結）	街の男たちは首ったけ（承）

起承転結というと、左上の句が有名です。「起」「承」で情報を列挙し、「転」で一見何の関係もない弓矢の話を掛けてきます。

日本では転句の妙といいますが、ここでは娘の美しさをこまごまと説明するよりも、転句を使って読者のイマジネーションを膨らませます。また同時に、いと屋と弓矢で脚韻を踏ませて、響きをよくしています。

つまり、論理よりも感性を大事にするのが、起承転結の醍醐味です。しかし、これを欧米的な視点から見ると、非論理的となります。特に、「転」が問題です。

欧米人は、最初に結論を述べ、そのあとで説明することが多いので、この句をあえて欧米風にするとすれば、上の例のように書きかえられるかもしれません。なお、この例には反映させてはいませんが、欧米人も韻や言葉遊びをよく使うので、この点は同じです。

SECTION

3

欧米人はどんなロジックを使うのか

▼欧米人の「議論のDNA」を知る

欧米人の議論というと、真っ先に頭に浮かぶ言葉があります。Logos（ロゴス）というギリシャ語です。これは、英語ではWord（コトバ）と訳され、言語、理性、理由づけ、論理といった意味を持ちます。

In the beginning was the Word, and the Word was with God, and the Word-was God.

はじめにコトバありき、コトバは神と共にありき、コトバは神なり。

と聖書にもあるように、欧米人の「議論のDNA」を考えていく上で、とても重要なキーワードといえます。

ギリシャ人やローマ人はロゴスを大切にし、さまざまな概念やものごとを、緻密に定義することに徹底的にこだわりました。この伝統が、その後の哲学や論理学、あるいは科学や工学などの進展につながっていくわけです。

ところで、ここ数年、日本では「論理的」（ロジカル）という言葉がはやっているようですが、そもそも議論において、論理はどれほど必要なのでしょうか？

この問題を考えるには、まず論理（ロジック）の基礎を整理しておく必要があります。論理とは、ひと言でいえば、主張の正しさを、次のような手法を用いてピラミッド型、あるいは逆ピラミッド型に積み上げていき、証明することといえるでしょう。

演繹法とは何か？

演繹法（deduction）は、まず一般論（→大前提）をあげ、それに関連観察事項（→小前提）を当てはめて、結論を導き出す手法です。

わかりやすくいえば、「すでに知っている情報」（→一般論、ルール、常識など）に、「新しい情報」（→一般論、ルール、常識などに関係する観察事項）を当てはめて結論を導くことです。

- 一般論（大前提）　「人間はいつか死ぬ」
- 関連観察事項（小前提）　「太郎君は人間である」
- 結論　「太郎君はいつか死ぬ」

ビジネスで応用すると、一般論（大前提）は、「ルール」と言い換えられるでしょう。

- 一般論（大前提）　「X社は予想リターンが10パーセント超の案件のみ実施」
- 関連観察事項（小前提）　「投資案件Aの予想リターンは15パーセントである」
- 結論　「（X社の社内規定では）投資案件Aは実施可能である」

これは、形式論理と呼ばれるもので、論理学の基本的な考え方のひとつとされています。形式論理の目的は、「真理の追求」にあります。

右の例のように、大前提が正しければ、小前提の認識によって、結論は論理的に証明されることになります。しかし、大前提が間違っていると、次のように誤った結論を導いてしまいます。

間違った論理の例

一般論（大前提）　「中国ではＳＡＲＳが猛威をふるっており、感染リスクはきわめて高い」

関連観察事項（小前提）　「Ａさんは、来週、北京でアジア地区営業会議に出席する」

結論　「ＡさんはＳＡＲＳになる」


この場合、大前提に問題があります。「きわめて高い」では、どれほど高いのかわかりません。実際、中国に出張してもＳＡＲＳにかからない人もたくさんいるからです。したがって、結論は、必ずしも論理的に正しくはありません。

ただし、正しい可能性もあります。

このような「起きるかもしれない可能性」のことを、論理学では蓋然性《がいぜんせい》と呼んでいます。日常生活においては、常に論理的に正しい一般論や前提があるとは限りません。そこで、蓋然性の高い一般論や前提を使って、説得や推論を行なうことが多々あるわけです。

これが、「説得推論」であり、先ほどの「形式論理」とは区別されます。たとえば、次の例は説得推論といえるでしょう。

一般論（経験則）　「人事部のこれまでの経験では、転職歴の多い人は採用しないほうがよい」
関連観察事項（小前提）「採用候補者Sさんは、30歳だがすでに10回の転職歴がある」
結論　「Sさんの採用は見合わせたほうがよいだろう」

ここまで、演繹法を簡単にまとめてみましたが、実際の議論で応用しやすいように、より単純に公式化してみると、次のようになります。

「一般論Aは正しい」
「Aに関連したBという観察事項も正しい」
「したがって、この2つを組み合わせたXという結論が導かれる」

●帰納法とは何か？

帰納法（induction）は、古くから自然科学で用いられてきた手法です。
新しい情報を集め、その共通点に着目して仮説を立て、その仮説を実験などで検証・法則化していくことです。先述の演繹法との関連で見ると、一般論（大前提）を正しく導く

方法ともいえるでしょう。たとえば、

「最近、東欧進出するアメリカ企業が増えている」
「最近、東欧進出するイギリス企業が増えている」
「最近、東欧進出するドイツ企業が増えている」
「最近、東欧進出するフランス企業が増えている」
「最近、東欧進出する日本企業が増えている」

一般論（大前提）→「最近、東欧は外国資本にとって魅力的な市場となってきているようだ」

一般的に、日本人は、大前提を自明のこととして省略する傾向があるようです。このように、大前提が隠れてしまうと、無意識のうちに論理の飛躍が起きたり、誤った論理を見落としやすくなってしまいます。

帰納法的思考法を身につけておくと、そうした罠に陥らずにすみます。帰納的に大前提を常に確認しておく癖をつけておくといいでしょう。

帰納法的な視点は、プレゼンテーションなどで有効です。帰納法では、先述のように、複数の関連情報をピラミッド型に積み上げて、頂点に結論がきます。ただし、相手を説得したり、説明をわかりやすくするためには、それをひっくり返して、事前に帰納法で導いた結論（核となるメッセージ）をまず最初に明言したほうが、聞き手の耳には、論旨が明確に伝わります。

こうした「逆ピラミッド型」の説明方法は、話し手にとってもメリットがあります。先に結論を述べれば、聞き手のレベルに応じて、理由の説明部分の長さを調節することができるからです。

したがって、「結論はAである。なぜならX、Y、Zだからである」というパターンで説明するといいでしょう。

◆論理的に正しくても、説得できなければ意味がない

The object of oratory is not truth, but persuasion. －Thomas Macaulay－
弁論の目的は真実ではなく説得である。（トマス・マコーレイ）

ここで先述の問い、つまり「そもそも議論において、論理はどれほど必要なのか？」に戻りましょう。

先ほど、形式論理の目的は、真理の追求と書きました。しかし、日常生活の中のさまざまな議論において、真理の追求が目的となることは少ないでしょう。多くの場合、より大切な目的として、説得があげられるのではないでしょうか。

この視点から考えると、「日本人は非論理的だから交渉下手」や「議論は論理的であるべき」といった批判は、正しいとはいえません。

そもそも形式論理では、説得において一番大切な相手の気持ちが十分に反映されないからです。このため、形式論理にこだわれば、こだわるほど、説得しづらくなるというジレンマに陥るのです。

ちなみに、形式論理の父祖ソクラテスは、真理の正しさにこだわり続け、法廷で高邁な自説を披露します。その結果、陪審員たちの反感を買い、死刑を言い渡されてしまうのです。たとえ正論でも、死んでしまっては、元も子もなくなります。

実際、ローマ時代の論理学の本には拳骨の絵、つまりじゃんけんの「グー」が描かれており、説得学の本には「パー」の絵が描いてあったそうです。このように、当時から欧米人の間では、論理というものは、相手を屈服させる強引な手法というイメージでとらえられていたのです。

こう考えてみると、古今東西を問わず、本質的に、パーはグーよりも強いのかもしれませんね。

日本人も欧米流の説得術を身につけられる

議論の目的は、勝利でもなければ、絶対真理の証明でもありません。大切なことは、相手の共感や同意をいかに得るか、つまり効果的な説得ができるかどうかにかかっているのです。

これは、あうんの呼吸の世界に生きるわたしたち日本人には、苦手分野といえるでしょう。これまで、言葉を使って説得する必要性を、欧米人のように強く認識する必要がなかったからです。

しかし、急速に進展する国際化の中では、そろそろわたしたちも考え方を変えなければならない時期を迎えているのではないでしょうか。

ただし、これはわたしたちの能力とは何の関係もありません。

以心伝心の社会にどっぷり漬かったまま、これまで言葉を使って説得することの重要性を意識せずにすんだ、そういう能力が不要だったので訓練の機会がなかった、ということにすぎません。したがって、訓練すれば克服できるハンデだと楽観的にとらえておきましょう。

MECEとは何か？

それでは、言葉を使って相手に自分の主張を明快に伝えたり、相手を気持ちよく説得するには、どうしたらいいのでしょうか？

そのひとつに、「考える軸」を決めて、漏れなくダブりなく、説明していく方法があります。MBAや戦略コンサルタントたちがよく使うMECE（ミースィー）のことです。

MECEとは、Mutually Exclusive, Collectively Exhaustive の略で、日本語に訳すと「ダブりなく、漏れなく」という意味になります。

たとえば、人間を性別という切り口でMECEに分解すると、「人間＝男＋女」となります。ダブりなく、漏れなく。

それでは、「人間＝男＋女＋子ども」とすると、どうでしょうか？ これはMECEにはなりません。なぜなら、子どもには男も女もいるので、ダブっているからです。

「人間＝日本人＋アメリカ人」としたら、どうでしょうか？ 今度はほかの人種が漏れているので、これもMECEにはなりません。

以上は、単純化したMECEの例ですが、実社会において、人々は必ずしも論理的ではなく、無意識のうちに主張がダブっていたり、漏れがあることが多いのです。

たとえば、よく耳にするMECEもどきとして、「理由は次の3つです」というせりふがあります。そういう口癖のある人は、頭の回転が速く、論理的であるような印象を与えがちですが、注意して聞いてみると、案外3つに絞り切れていない、つまりMECEに分けられていないことが多いようです。

▼MECEは、さまざまな場面で使える

MECEには大別すると、次のような種類があります。

①足し算のMECE

X社にはA、B、Cの3つの支店があります。

X社の総売上は「本社の売上＋A支店の売上＋B支店の売上＋C支店の売上」となります。

②掛け算のMECE

同様に売上高の切り口を掛け算で考えてみると、「店舗数×1店当たりの売上」、「客数×客単価」、「売上個数×単価」などが考えられるでしょう。

③引き算のＭＥＣＥ

基本的に足し算のＭＥＣＥに似ています。まずは足し算で積み上げていき、最後に全体からその和を引いた差を、「その他」としてひとくくりにすることです。

ただし、よく考えずに安易な引き算をして「その他」でくくってしまうと、その分析は非常にあいまいになり、価値がなくなります。便利な「その他」は、奥の手として最後の最後まで取っておくべきでしょう。

ＭＥＣＥで大切なことは、最初に「切る軸」をじっくりと考えることです。

たとえば、先ほどの例で用いた「人間」でいうと、性別、国籍、人種、民族、宗教、年齢などさまざまな切り口が考えられます。どの軸で切るかを最初にじっくり考えることが、問題解決への近道なのです。

なお、ＭＥＣＥは基本的に、「漏れ」と「ダブり」を防ぐための視点です。「飛び」については、先ほど述べた演繹法の説明を、「ずれ」については第3章の2項（「論点変更」に惑わされない）をご参照ください。

SECTION

4 日本的な思考法を持ち出さない

▼日本人はあいまいな表現を好む

「日本人にとっては、言葉はただ意味にいたる道を示すだけ。意味そのものは、いわば行間にひそんでいて、一度ではっきり理解されるようには決して語られも考えられもしない。結局は、ただ経験したことのある人間によって経験されうるだけである」

(『日本の弓術』オイゲン・ヘリゲル)

子どものころ、著者にはすぐに「何で?」と聞く癖があり、質問するたびに教師たちから煙たがられたことを覚えています。そもそも、子どもというものは誰でも質問好きですから、こうした実体験を通して、日本人は「なぜ?」を連発すると居心地が悪くなる日本社会について、心と体で学んでいくのでしょう。

日本社会とは、基本的に、誰もがあいまいでいることが心地よい社会といえるかもしれません。その中で、「なぜ？」、「なぜなら」という言葉を使うのは、なかなか厄介なことです。勇気がいります。特に、会話ではとても使いにくく、堅苦しい印象や、理屈っぽい印象を与える可能性が非常に高いといえるでしょう。

そのせいか、日本人の口から、「なぜ？」、「なぜなら」という言葉を聞くことは、めったにありません。他人の話し方を注意して聞いてみると、「なぜなら」という表現どころか、肝心の理由が欠落していたり、ぼかされていることが少なくないはずです。むろん、「なぜ？」と聞く人が少ないから、それに呼応する「なぜなら」を言う機会も必然的に減るのでしょうが。

「英語」は論理です

一方、英語は論理的に表現しやすい言語です。英語では、「主張＋because＋理由」という形で論理的に説明できるからです。

日本語であっても同じように、「私はこう思う。なぜなら……だからだ」と言えるではないか、と考える人もいるでしょう。確かに日本語でもそのように表現することはできます。文法的には正しい表現です。

しかし、実際にそうした表現は、どれだけ頻繁に使われているのでしょうか？

「なぜ?」、「なぜなら」という表現は、もちろん日本語としては正しいものの、理屈っぽさを嫌う日本人の間ではあまり使われることがないようです。

欧米では、子どもでさえも「主張+because+理由」という表現をふだんから口にします。つまり、それほど違和感なく使える表現として、浸透しているのです。「英語は論理」という言葉もあるくらいで、この意味では、根本的に日本語とは対照的な言語といえるでしょう。

こうした違いを見ると、欧米人と議論する上では、以心伝心の社会におけるあいまいさを捨て去らなければならないという点がおわかりいただけるでしょう。

❤「なぜ?……なぜならば……」と考える癖をつける

「僕が書いたエッセーが大学の入試問題に出たのですが、『このとき、著者は何を感じたのでしょうか。次の四つの答えの中からひとつ正解を選びなさい』というのです。僕はそのどれも感じてはいないのにです」

(作家の渡辺淳一氏)

日本の国語教育では「作者はどう感じていたでしょうか?」という質問が非常に多いようです。良くいえば、感性を大事にする右脳型教育と説明できるかもしれません。

しかし、このような日本的思考法は、欧米人的な思考プロセスを習得する上では、あまり役立ちません。欧米人は、子どものころから、左脳型教育、つまり言語中枢をフル稼働させて、議論や説得を行なう訓練を積んでいきます。これは、日本的な情緒の文化とは真っ向から対立する概念といえるでしょう。

そもそも、思考法とは癖です。癖というものは、その性質上、簡単には直すことができないのです。このため、まず癖にともなう難しさを認識した上で、日本語を話しているときにも意識して、

Why...? Because...

と自問自答する癖をつける必要があるでしょう。

簡単な方法としては、まず日本語の新聞を手に取り、興味のある記事を選び、その中で、主張部分を見つけます。次に、その主張を支える根拠を探します。

残念ながら、感想文の多い日本の新聞には、根拠の部分が欠落している文章が多いのでしょうが、それでもいいのです。あなた自身で、根拠を考えて理由づけをしてみましょう。

日本人の感覚では、くどい、しつこい、と感じるぐらい丁寧に理由づけしたほうが、欧米

人の感覚ではちょうどよいのです。

大前提や常識などについても説明することを躊躇してはなりません。「そんなことは言わなくてもわかる」と省略してしまうのは、きわめて日本的な発想であることを再認識しておきましょう。

国際社会では、感想文は評価されません。起承転結も必要ありません。徒然なるままも駄目です。必要なことは、いかに簡潔に、わかりやすく伝えるか、という点につきるのです。そして、それを助けるのが論理構造なのです。

SECTION 5

日本語的な感覚を断ち切る

その1　事実と主張の混同をなくし、「一文一義」で表現する

英語を話していても、日本語的な感覚を引きずってしまう人がいます。そうならないためにも、よく見かける問題点と対策法をじっくり考えてみましょう。

まず、日本語の表現方法を観察してみます。

ひとつの特徴として、とにかく長い点があげられます。だらだら長いのです。そのせいか、日本人の英語もかなり長いようです。

長いということは、どういうことでしょうか？

それは、事実も主観もごちゃ混ぜになっているということです。これでは、事実と主観を分けることが常識である欧米人は、聞いていて混乱してしまいます。

試しに「ケビンは親しみやすい経営コンサルタントだ」を訳してみましょう。日本人はたいてい、

Kevin is a friendly management consultant.

と訳すはずです。文法的には正しい英語です。

しかし、事実と主観を一文に混ぜて表現することは、英語では一般的に悪文の証《あかし》と考えられています。

この場合、「ケビンはコンサルタントである」は事実です。一方、「ケビンは親しみやすい」はあなたの主観（観察事項）です。そこで、

Kevin is a management consultant. He is friendly.

と事実と観察事項を2つに分けてみましょう。そのほうが、あなたの主張は欧米人によりクリアーに伝わるのです。

❤その2　be動詞よりも動詞を使い、活き活きと表現する

どうも日本にはbe動詞が好きな人が多いようです。おそらく、参考書などに「やさしい単語を使って表現しなさい」とあるからかもしれません。

しかし、英語では、多様な動詞を使って表現したほうが、文章に説得力を持たせることができる、と考えられています。

There is nothing permanent except change.
生にとって同一ということはない：絶えざる変化こそ生の本質である。
（ヘラクレイトスの『万物流転』より）

というように、be動詞は文章の持つ活き活きとした感じを奪ってしまう力があります。
たとえば、日本人はよく自己紹介で、

I am an employee of ABC Bank.
私はＡＢＣ銀行の行員です。

と言います。文法的には何の誤りもないのですが、これでは無意識のうちに、ちょっと元気のない印象を与えてしまいます。そういうときは、アクティブな動詞を使って、

I work for ABC Bank.

私はＡＢＣ銀行に勤めています。

と言ったほうが、英語的な文章になるのです。同時に、快活な印象も与えられるかもしれません。

ささいなこととかもしれませんが、英語では案外こういった躍動感が大切なのです。

その3　受け身表現はなるべく避ける

「昨日は上司に遅くまで仕事をさせられまして」
「夜中に、クライアントに電話で叩き起こされまして」
「夫に先立たれまして」
「ニューヨーク出張中、空港でベルギー人に話しかけられましてね」

このように、日本語では話し手の被害者意識が感じられるような受身表現がよく使われます。また、客観的に表現する必要がないときでも、受身表現が多用されます。

もちろん、英語でも、受身表現を使うことはあります。論文や公式文書といった正式な文書の中で、ものごとをぼかしたり、玉虫色に表現したいときには有効です。また、自分の主張に客観性を持たせたいときにも役立ちます。

しかし、それ以外のときには、なるべく能動態で表現することが定石とされているのです。

日本人の場合、まず受動態を頻繁に使う母国語を持っており、しかも受験勉強でも不自然な英語の受動態を詰め込むため、受動態を使うことが一種の癖になっている人も少なくないようです。癖である以上、かなり意識して改善策を講じなければ、直ることは決してないのです。

したがって、たとえば、

I was made to work till late.

遅くまで働かされた。

と言わずに、できれば、

I had to work till late because…

遅くまで働かなければならなかった。なぜなら……

と表現するように心がけましょう。そのほうが、自然な英語なのです。

その4　あいまいさは避け、具体的に表現する

iモードの仕掛人、松永真理氏は自著の中でこういっています。

「外資系のコンサルタントたちが話すことは、横文字が多くて、何をいっているかまったくわからない。だから、彼らと打ちあわせるときは、ドコモ側は誰も発言しない」

一般論ですが、外資系企業に勤めている日本人は、日本語の会話でさえ、不必要に横文字を乱用する人が多いようです。どういう心理が働いているのかわかりませんが、「カタカナを使うとかっこいい」、「頭がよさそう」などと、無意識のうちに愛着を感じているのかもしれません。

日本語を話すときですら、横文字を使うことが知性の証と誤解しているくらいですから、英語を話すときには、この傾向により一層拍車がかかります。欧米人がふだん会話で使わ

ないような難解な単語を好んで使う人が少なくありません。

外資系サラリーマンだけではありません。政治家、官僚、学者、専門家、そして日本企業のサラリーマンも同じです。実際、次のような印象をお持ちの方も少なくないのではないでしょうか。

「偉い人の話はわかりにくい、わかりにくくてもいい」

しかし、異文化コミュニケーションの観点からいうと、これは完全な誤りです。そもそも、ものごとを本当にわかっている人は、難しい単語を使わずに、わかりやすく説明できるのです。

たとえば、ラテン・ギリシャ語源の言葉（例：procrastinate：すべきことを先送りする）を避け、なるべくアングロ・サクソン系の言葉（例：put off：延ばす）で表現することなどを、常日ごろから心がけておいたほうがよいでしょう。

抽象的、あいまいさは、大人の印ではありません。

具体的、明瞭さこそ、国際社会における大人の印なのです。

▼その5　否定形を多用するよりも、肯定形で明瞭に表現する

「……することも少なくないのではないでしょうか」
「必ずしもそうとは限らないのではないでしょうか」
「そうとも言い切れないのではないでしょうか」

明確な表現を嫌う日本人は、否定語を多用する傾向があります。

単純否定形のみならず、二重否定もしばしば用いられます。確かに、こうした表現方法は、自分の主張をオブラートに包み、玉虫色に響かせるには効果絶大です。

しかし、その種の複雑な表現を多用する人は、英語圏では「コミュニケーション能力に問題あり」として一蹴されてしまうのです。

もちろん、英米人とて、常に白黒をはっきりさせて表現するわけではありません。やんわりと表現することも多々あります。しかし、はっきりモノを言う、つまり主張をクリアーに伝えようとする頻度は、日本人よりも断然高いのです。

たとえば、「適当ではない」と表現するときには、単純否定の not appropriate というよりも、inappropriate（不適切である）と肯定的に示したほうがよいのです。同様に、

「不適当ではない」と表現する際には、文字通りに訳して、二重否定で not inappropriate というよりも、appropriate（適当である）と表現したほうがよいでしょう。

ただし、以上は原則論であり、欧米人が二重否定を使うこともないわけではありません。実際、社会的地位が高くなればなるほど、はっきりと表現しなくなるのは、古今東西を問わず共通の現象です。

しかし、問題は、常にぼかして表現したほうが他人に受け入れられやすい、という日本的感覚にあるのです。この癖は文化に根づいたものなので、意識して取り組まないと簡単には直りません。直すためには、最初は多少ぶっきらぼうに響くリスクを覚悟で、すべて肯定文で表現するような矯正練習を行なっていくべきでしょう。

その6 「因果関係」をはっきりさせる

日本人は、省略文が好きです。

主語がない文章に始まり、結論のない文章、理由のない文章、何でもありです。たとえば、次のような依頼文を考えてみましょう。

Something is wrong with this TV.

このテレビの調子がおかしいのですが。

A client is complaining about our service.
お客さんが文句を言っているんですが。

I don't have a knife here.
ナイフがないのですが。

日本語としては、違和感はないでしょう。しかし、欧米人にこう言っても、

So what?
だからどうしたの?

と一蹴されてしまうのがオチです。
英語では、まず「相手にしてほしいこと」を伝え、あとで理由をつけ加えるべきです。
理由や観察事項だけ伝えても、相手のことを察する訓練を積んでいない欧米人は「だから

どうしたの？」と聞き返さざるを得ないのです。

もちろん、この例のような単純な状況では、あなたの要望を察することのできる欧米人もいるにはいるでしょうが。

その7　名詞よりも動詞を使って、シンプルに表現する

日本人はなぜか名詞が好きです。

名詞を多用すると、英語ではどうしても簡潔さに欠ける傾向があります。冗長になってしまうのです。たとえば、受験勉強の影響か、日本人が好きな表現に

Taking...into consideration,...　考慮して
give due consideration to...　熟考する

という表現があります。しかし、

Considering...,　考慮して
consider...　熟考する

と動詞ひとつで簡潔に表現できるのですから、わざわざconsideration（考慮、熟考）という名詞を使って、長ったらしい構文にする必要はないのです。余計な単語を使わずに、なるべくシンプルに表現することが、英語の定石なのです。

コーヒーブレイク②

会議中は英語でメモれ！

筆者がブリュッセルで主宰している勉強会ACORNの会員の1人、秦順之氏に「日本人と英語の会議」について語ってもらいました。秦氏は、ベルギー第2の都市アントワープ（『フランダースの犬』の舞台となった街）にあるエバル・ヨーロッパ（クラレの欧州現地法人）の社長をつとめています。

私を含めて、伝統的な日本の英語教育を受けた熟年の日本人にとって、英語の会議は自分の英語力のつたなさを痛感させられる場です。

経験的につまずく原因は、

①欧米人の論理展開に対する認識が不十分な点
②会議前の準備の重要性に対する認識が欠けている点
③英語力が不十分な点

この3つに集約されるでしょう。

*

まず、①の「論理展開」ですが、日本人は論理に完全を期そうとする、あるいは反論を封じようとする意識が働くせいか、状況分析から始まり、最後に結論を述べる傾向が強いようです。このため、聞いているほうは、話し手が何を言いたいのかわからなくなり、途中からしびれを切らして、口をはさんでしまうことが少なくないようです。

そうした割り込みを話者が制し、最後まできちんと主張を述べればよいのですが、たいていは結論にいたる前に、1人どころか複数に割り込まれてしまいます。そして、割り込んできた人間たちが枝葉末節に拘泥したり、脱線しているうちに、議論は焦点を失ってしまうのです。

こうした問題を防ぐには、「まず結論を述べる」ことに慣れる必要があるでしょう。

それから、「メモを英語で取る」ことも有効です。

議論の途中で日本語を思考にはさむと、その瞬間に思考回路が日本語式になり、議論についていくことが困難になります。また、日本企業における社内会議に限っていえば、欧米人の社員は日本人にわかりやすい英語を話そうと努力してくれるのですが、彼らもそうした日本人英語の前でいったん混乱してしまうと、そんな気遣いをしてくれる余裕もなくなってしまうようです。

こうなると、聞き取るだけで精いっぱいで、議論に参加することはできません。「英語でメモを取る」ことで、思考を英語式に合わせておけば、双方における混乱をくい止めることができるのではないでしょうか。

なお、わからなくなった場合、その場でただちに質問し、不明な点を残さないことです。遠慮はいりません。多くの日本人は、質問をあまりしませんが、あいまいな理解のまま議論に参加することは、どんな人にとっても、非常に困難なはずです。

＊

次に、「事前準備の重要性」ですが、会議の日程と議題が示された段階で、自分の意見を整理し、事前にほかの出席者と意見交換をしておくことが効果的です。ある意味で、議論はその段階で始まっているともいえるでしょう。

参加前の準備は英語のハンデを背負った日本人には不可欠です。日本語の場合、思いつきでもそれらしき体裁を整えて話ができますが、平均的な日本人の英語力ではそうはいきません。思いつきの発言と見なされると、ほかの出席者はまともに聞いてはくれません。

このように、基本的な事前準備をマメにこなしておくと、会議の場でも余裕ができ、積極的に議論に参加できます。また、結果的に会議をリードすることもできるのです。

＊

最後に「英語力」ですが、むろん自助努力以外に王道はありません。

ただし、「異文化としての英語」を意識した良質の参考書を見つけることができれば、確実に英語力上達につながっていくのではないでしょうか。ちまたにあふれる手軽なハウツー本はあまり助けにならないように思います。本当の英語力をつけるために私がお勧めしたい本は、『イギリス流・大人の英語』(森山進著・中経出版)です。

以上が、私が英語との格闘の中で、経験的に身につけていった上達の視点といえます。

第3章

非ロジカル・シンキング

「詭弁術」で欧米人に勝つ！

CHAPTER 3

「論理に強い」ということは、「非論理にも鋭敏だ」ということ。

欧米人は、さまざまな詭弁術を駆使します。

英語の議論に強くなるには、
彼らのくり出す詭弁を見抜き、
その一枚上を行くことが求められるのです。

SECTION 1

欧米人は本当に論理的なのか？

▼欧米人がいつも論理的とは限らない

「欧米人は論理的、日本人は非論理的」という主張をよく耳にします。

確かに、言語の観点からも、欧米の言語は日本語よりも論理的に文章を組み立てやすいという利点があります。

先述のWhy...? Because...や、「主語＋動詞＋目的語」という語順など、英語は自分の主張を相手に伝えやすい構造になっているといえるでしょう。最後まで聞かないと、YesなのかNoなのか、よくわからないことが多い日本語とは大きく異なります。

言語のみならず、ものの考え方も違います。「この世に言葉で表現できないものはない」という考えの人が、欧米には多いようです。

しかしながら、あえてここで、その常識を疑ってみましょう。

「欧米人は本当にみな論理的なのでしょうか？」

答えは、Noです。

言うまでもなく、すべての欧米人が論理的に話しているわけではありません。むしろ、実社会では、常に論理的に話す人を見つけるほうが難しいのです。

ラムズフェルド国防長官の詭弁をかわすテクニック

2003年春のイラク戦争のとき、私はCNNでラムズフェルド国防長官の記者会見を聞いていました。そのとき、ラムズフェルド国防長官は、記者の詭弁を即座に見破り、次のように一蹴しました。

記者：「報道によると、長官は～という主張をされているようです。そのあたりをお聞かせいただけますか」

長官：「報道によると、とはどういう意味でしょうか。誰がそんなことを言っているのでしょうか。わたしはそんなことを言った覚えはありませんよ」

見事なかわし方だといえるでしょう。
ところが、そんな人でさえ、次のような失言をして物議を醸しました。

長官：「ヨーロッパはドイツとフランスだ、と考えているようですが、私はそうは思いません。それは過去のヨーロッパ（old Europe）の定義です」

ラムズフェルドのこの発言を受け、ドイツとフランスの国民は、「傲岸不遜なアメリカ人」と、彼を批判しました。しかし、彼は即座に次のように発言して、うまく切り抜けたのです。

長官：「わたしの年代では、『オールド』（old）は親しみを込めた言い方なのです」

このように、言葉尻をとらえられたとき、その言葉について独自の定義を示すことで、相手の攻撃をかわせる場合があります。
これも弁論術のひとつです。
この場合は、年齢、つまり自分は相手よりも年上で経験があるという一種の権威に訴え

Column

『コトバの魔術師』から英語を学ぶ

記者の質問のかわし方

What do you mean by 'It's been reported'? Who said that? I've never said that.

（報道によると、とはどういう意味でしょうか？　誰がそんなことを言っているのでしょうか？　わたしはそんなことを言った覚えはありませんよ）

失言をした際の批判のかわし方

（失言）

You're thinking of Europe as Germany and France. I don't. I think that's old Europe.

（ヨーロッパはドイツとフランスだと考えているようですが、私はそうは思いません。それは過去のヨーロッパの定義です）

（切り返し）

At my age, old is a term of endearment.

（わたしの年代では、「オールド」は親しみを込めた言い方なのです）

て、相手の心理をたくみに揺さぶっています。

さすがに、コトバの国のコトバのプロだけあって、見事というほかありません。

◆日本人は詭弁にも慣れる必要がある

それでは日本人はどうでしょうか？　ラムズフェルド長官のように、相手の使ってきた理外の理を見破り、とっさに反撃できるでしょうか？

もちろん、日本人にできないはずがありません。しかし、伝統的に言葉の力を過小評価してきたため、欧米人と比べると、こうした理外の理を使いこなすテクニックや、その対処法に慣れていない人が日本には多いようです。

論理と言葉の威力を知っている欧米人と互角にわたり合うためには、前章で述べた論理テクニックに加え、代表的な詭弁テクニックにも慣れておく必要があります。そうすれば、海千山千の欧米人との議論にも冷静に臨むことができることでしょう。

SECTION 2

「論点変更」に惑わされない

▼拉致問題における北朝鮮の詭弁？

「日本は約束を守らない」

２００２年末、北朝鮮がこう言って、日本に抗議してきたことがありました。日本政府が５人の拉致被害者の「永久帰国」方針を決定したときのことです。日本側では「日本人拉致被害者の帰国」、北朝鮮側では「日本政府による朝鮮公民の拉致」という正反対の論調が展開されたことは記憶に新しいと思います。

本書のテーマは論理なので、政治について語るのは著者の意図するところではありません。「言葉」と「論理」という側面にだけ注目して、あの事件を振り返ってみましょう。

おそらく、このとき、みなさんも「北朝鮮側の批判は何かおかしい」と、とっさに感じたのではないでしょうか。しかし、その批判のどこがおかしいか、明快に説明できるでしようか。

誰でも論理的な感覚は持っているのです。ただし、ふだんから意識的に「なぜか?」、「それがどうした?」、「なぜなら」と自問自答を繰り返す癖をつけておかないと、巧みな詭弁家に揺さぶりをかけられたときに、とっさにどう対処してよいかわからず、不都合を被《こうむ》ることになります。

◆論点変更には、形式論理で対抗する

上述の例では、日本政府は、北朝鮮と議論するに当たって、議論の前提から脱線しないように議論をコントロールする必要があったのです。

●前提(論点)

①拉致被害者は、自らの意志で日本において平和に暮らし続ける権利があった。

②拉致被害者の人権は侵され、強制的に北朝鮮での生活を強いられた。

③国民の生命・身体の自由・財産を守ることおよび領土を保全することが、日本国のなすべき、最も大切な責務であるとの認識に立つ。この意味で、日本国も主権が侵

された。
④以上は、北朝鮮の犯罪行為であり、「知らなかった」ですむ問題ではない。
⑤また、拉致被害者は、自らの意志で母国に帰る権利を持つ。

しかし、北朝鮮側は、以上の前提を完全に無視して、次のような反論をしかけてきたのです。

●理外の理
①拉致被害者の帰国については、一時的な日本滞在という約束だった。
②そんなに簡単に約束を破る日本とは、国交正常化も難しい。

これは「論点変更の誤謬」（*mutatio elenchi*）と呼ばれる詭弁術のひとつです。議論すべき論点を無視し、都合よく別の論点とすりかえてしまう手法です。

北朝鮮側は、拉致問題の責任や拉致被害者の人権をどうするか、といった論点を議論しているときに、「そんなことがあったのか。まったく知らなかった。申し訳ない」のひと言ですましてしまいました。そして、枝葉末節な点とすりかえて、反論してきたのです。その後の報道によると、日本政府はこうした北朝鮮側の対応に対して、効果的な反論ができなかったようです。

相手が論点を変更してきたということは、逆にいえば、あなたのほうが優勢にあるということです。こういうときにこそ、形式論理という拳骨を用いて、冷静に対処すればよいのです。

それでは、具体的に、どのように対処すればよいのでしょうか？　効果的なのは、

「だからどうしたというのでしょうか。論点が違います」

「ポイントがズレているようですが」

と一蹴することです。相手が論理変更をしかけてきたときは、とにかく勝手な変更を許さずに、ガチガチの形式論理で対処することにつきるでしょう。

英語の議論で使えるフレーズ 3

相手が論点変更してきたときは、以下のように対処しましょう。

- So what? That is not the issue here.
  （だからどうしたというのでしょうか。論点が違います）

- It seems that is nothing to do with the main issue here.
  （ポイントがズレているようですが）

SECTION 3

「論点先取」に惑わされない

▼証明するべきことを議論の前提とする

beg the question という英語表現を聞いたことがあるでしょうか?

ネイティブでも意味を取り違える可能性のある難しいイディオムです。

この意味は、「証明すべき論点をすでに証明されたものと仮定して論ずること」です。

論理学でいうところの、論点先取、もしくは不当仮定のことです。

簡単にいえば、証明する必要のある一般論や原則を、証明せずに議論の前提としてしまうことです。本来であれば、前章で述べた帰納法を使って証明すべきものを、その手続きをとばして、議論を先に進めてしまう方法です。たとえば、

「石綿(アスベストス)はガンを起こすので、発ガン性があります」

という文章を考えてみましょう。

確かに、アスベストとガンの因果関係はよく取りざたされます。しかし、事実はどうであれ、この文章だけに注目すると、論理が破綻していることに気づかれるでしょう。まず、アスベストスに触れると確実にガンになるのでしょうか？　発ガン性を立証するデータはそろっているのでしょうか？

そもそも、発ガン性の事実を証明すべきところで、「アスベストスはガンを起こすので」と一般論でくくってしまっては、論理になりません。

論点先取は論証にならない

「嘘はいけません。なぜならわたしたちは常に真実を語らなければならないからです」

という例も同じです。本当に嘘はいけないのか、嘘が必要なときもあるのではないか、という反論を招くだけでしょう。こういう相手には、

It seems you are begging the question.
不当仮定の虚偽を使っているようだね。

と言って牽制してみるとよいかもしれません。

ところで、beg the question という表現は、アリストテレスなど古代ギリシャ時代の論客たちが使っていた論理学の言葉がルーツになっています。それがのちに、ギリシャ語からラテン語に訳され *petitio principii* となりました。さらに中世に入ってから英語に訳されたのですが、そのときの翻訳がまずかったようです。

実際、beg the question は、あまりにも頻繁に「質問を提起する（raise/prompt the question）と同義である」と誤解され、本当の意味を知らないネイティブもいるほどです。実際、その後この表現には、元の意味から派生して、「質問への回答を避ける、はぐらかす」という意味が加わりました。

この表現は一見すると複雑に見えますが、複雑な概念をひと言で説明できる、斬れる表現といえるのではないでしょうか。

SECTION 4

さまざまな詭弁術に対処する

日常生活の中にも潜んでいる詭弁術

かつて私がイギリスで働いていたころ、イギリス人の同僚がこう言いました。

「英国勅許会計士試験は世界で一番難しい」

形容詞の最上級を使う人を、私はあまり信用しません。そこで、ちょっと彼をからかってみることにしました。

「日本の公認会計士試験もかなり難しいよ。何で一番難しいって言えるの？」

と突っ込んでみたのです。

するとと彼は、一瞬ひるんだものの、こう言い返してきました。

「みんながそう言っている」

論理的には滅茶苦茶ですが、これでは反証できません。論理学でいう「不可知の論証」(*argumentum ad ignorantiam*)という詭弁術のひとつです。そこで、私はひと言、

「誰がそんなこと言ったの?」

と笑いながら聞いてみました。すると、ケンブリッジ大学出身の彼は黙ってしまいました。自分の主張の論理が破綻していることに、ハッと気づいたのでしょう。

このように、論理的だと日本では信じられている欧米人も、論理ばかりに固執するわけではありません。さまざまな場面で理外の理を使ってきます。それに、みな視野の広い人ばかりでもありません。だからこそ、まずは、一般的な詭弁の種類を理解し、対処法に慣れておきましょう。そうすれば、いざというときに、詭弁を弄する相手に丸め込まれることはないでしょう。

不可知の論証

Since scientists cannot prove that ETs do not exist, they must exist.
科学者たちが宇宙人がいないことを証明できない以上、宇宙人は存在するはずである。

不可知の論証は、感情に訴える誤謬のひとつと考えられます。これには、次のようにさまざまな種類があります。

その1　尊崇《そんすう》の誤謬　「社長がそう言っておりますので……」

先ほど、ラムズフェルド長官が、「わたしの年代では、『オールド』は親しみを込めた言い方なのです」と言って、失言をフォローした話が出てきました。70歳を過ぎた自分の年齢をうまく使って、自分よりもはるかに年下の相手の攻撃をかわしたのです。

年齢のように何らかの権威を使って、相手の非難をかわすことは、古今東西を問わず、よく使われる詭弁術のひとつです。たとえば、次のように誰か偉い人の権威を使う、といったことはよくあるでしょう。

「社長がそう言っておりますので」
「弁護士がそう申しております」

こうした枕詞は、私たちの生活の中でも、頻繁に耳にします。

要するに、「偉い人がこう言っているのだから、つべこべ言うな」という論法です。権威に弱い人は、そういう詭弁家を前にすると、証明しなければならない論点が完全に見えなくなってしまうことが少なくないようです。

この手法は、論理学では「尊崇《そんすう》の誤謬」（*argumentum ad verecundiam*）と呼ばれています。難しく響きますが、多くの国でたくさんの人が、意識の有無にかかわらず、使っているものです。

「尊崇の誤謬」には、心理学的効果もあるといわれており、その効果は後光効果、ハロー効果（the halo effect）とも呼ばれます。肩書きなど、無言の権威によって相手が大きく見え、萎縮してしまう心理を指します。

私自身もかけだしの会計士だったころ、大会社の役員と会うときは、その肩書きを聞いただけで萎縮してしまったことがありました。ただ、慣れとは恐ろしいもので、今ではそんなふうに緊張することもなくなってしまいましたが。

❤その2　顔の見えない権威　「専門家によると……」

「尊崇《そんすう》の誤謬」の変形として、顔の見えない権威（anonymous authority）を使った詭弁術もあります。この場合は、以下のような、あいまいな枕詞がつくのですぐにわかります。ちなみに、前章で受動態を避けよ、と言った理由のひとつはここにあります…。

It's been reported that...　報道によると……
It is held that...　……と信じられている
It is believed that...　……と信じられている
Rumour has it that...　噂によると……
Experts say that...　専門家によると……
One must...　人は……しなければならない
Empirical studies show that...　経験則では……
Somebody mentioned that...　誰かが言ってたけど……

ところで、このような「顔のない権威」を乱用するタイプに対しては、どのように対処すればよいのでしょうか？　この場合、次のように発言者に確認してみましょう。

Are you sure?
それは確かなのですか？

Do you know that for a fact?
それは事実なのでしょうか？

発言者がしどろもどろになった場合には、会議ならば参加者全員に向かって、問題の解決策を講ずるように促しましょう。

Can anyone else verify that point?
誰かこの点を確認できる方はいらっしゃいますか？

How could we find out the answer to that question?
どうすればこの点を確認できるのでしょうか？

もし会議の参加者の中で解決できないようならば、ほかの部署や外部の専門家などに意見を求める必要があります。

Who would know the answer to this question?
誰がこの答えを知っているのでしょうか？

Who could we invite to the next meeting?
次の会議に誰を呼びましょうか？

その3　悪＋悪＝善？　「ほかの人もやっているじゃないですか」

これは、相手の主張に対して、相手の人格や個人的な状況に結びつけて反論する詭弁術です。

主張と人格をうまく切り離せない日本人がよく使う手法ですが、欧米人の中にもこの種の議論をふっかけてくる人がいるので、注意が必要です。

「部長はタバコをやめろって言うけど、彼だって吸ってるじゃないか」

「あの社長はボンボン育ちだから、われわれサラリーマンの気持ちなどわかるはずないだろう」

「ほかの人もやっている」、「やったらやり返せ」というせりふには、他者を悪者にして、自分の悪事を正当化する意図が見え隠れします。この論法は「悪＋悪＝善」という方程式で、小さな子どもから世界の要人まで、幅広い人々が使う詭弁術です。

たとえば「悪＋悪＝善」の例としては、

「20点？　駄目じゃないか、そんな悪い成績では」

「パパ、でも緑ちゃんは15点、裕子ちゃんは10点だったよ」

「サダムをこれ以上、野放しにはできない。バグダッド攻撃を開始する。イラク国民の自由のために」（ジョージ・ブッシュ米国大統領）

＊「悪」の枢軸、イラクを叩き潰すには、一般市民も巻き込む首都バグダッド無差別攻撃という「悪」も正当化されるべきである、という含みが読み取れます。

いずれにせよ、こういった論調を耳にしたら、

Can two wrongs make a right?
悪＋悪は善になるの？

と、とぼけてみるのもいいかもしれません。ただし、こうした詭弁を弄《ろう》する人は、2つ目の悪については悪と認識していない人が多いので、話がかみ合わない可能性があるのですが。ちなみに、『ピーターの法則』で有名なローレンス・ピーターは、次のような皮肉めいた言葉を残しています。

If two wrongs don't make a right, try three.
もし悪と悪で善にならないというなら、「三悪」（悪＋悪＋悪）を試してみなさい。

❤その4　赤い燻製ニシン　「この書類にサインしろ。さもなければクビだ」

「赤い（燻製）ニシン」（red herring）とは、キツネ狩りにちなむ表現です。
もともと猟犬の嗅覚を鍛える目的で、キツネの通った道に臭いのきつい赤いニシンをま

き、キツネの臭いを消して訓練したそうです。それによって、ほんのわずかなキツネの臭いも逃さずに、猟犬はキツネの潜んでいる場所まで、猟師を導くことができるようになるようです。

そこから転じて、この表現には「他人の注意をそらすもの」という意味ができました。議論においては、感情に訴えて、論点をぼかしてしまう手法のことです。たとえば、恫喝やお涙頂戴を使って、相手の注意をそらす方法があげられるでしょう。

Sign the form, otherwise you are fired.
この書類にサインしなさい。しなければクビです。

ビジネスの交渉でも、この種の恫喝を使う性質の悪い人間をしばしば見かけます。

❤その5 マジックナンバー「その理由は次の3つです」

一般的に、発言内容を3つに分けて話すと、「内容が整理されている」という印象を与えやすいようです。一種の心理テクニックですが、

There are 3 main reasons for choosing this option.
これを選んだ理由は3つあります。

などというせりふを聞くと、ついつい納得してしまうのではないでしょうか？

当意即妙が美徳とされる欧米社会では、このテクニックは非常に浸透しています。

ただし、誰もがポイントを瞬時に3つ並べられる能力を持っているわけではありません。

実際、全貌がわからない段階で、とにかく相手よりも早く反応し、相手を自分の土俵に引き込もうとする詭弁家も少なくないのです。

その6　両刀論法「前に進めばトラ、後ろに進めばオオカミ」

アメリカの有名な小説家ジョセフ・ヘラーの主要作品に『Catch-22』（邦題：『キャッチ＝22』）という小説があります。この小説の主人公は軍人なのですが、精神障害を理由に除隊願いを出します。

ところが、上官は「除隊を願い出る意志があるのなら、精神障害とはいえない」との理由で、除隊を認めませんでした。Yesと答えても、Noと答えても、自分の欲する結果が得られない意地悪な論法です。

ここから転じて、こうした両刀論法（dilemma）やそういうジレンマの状態をCatch-22というようになりました。

両刀論法の例としては、「前門の虎、後門の狼」（前に進めば虎がおり、後ろに進めば狼がいる）というように、どのオプションを取っても困った状況があげられます。質問形式でいえば、「最近、まじめに仕事しているか？」のように、「はい」と答えても「いいえ」と答えても、悪く取られてしまうものを指します。

なお、両刀論法のバリエーションとして、次のようなfalse dilemmaという論法もあります。

①「君、A案とB案のどちらがよいと思う？」
・どちらもよくない可能性や第三の可能性もあります。

②「すべての人は完全な善人か悪人かのどちらかである」
・むしろ中間の人のほうが多いでしょう。

要するに、選択肢を狭め、非合理的な選択を迫る方法のことです。選択肢を、YesかNo

の2つに絞ってくることが多いようです。

false dilemma への対処法としては、

It's not black and white.

そんなに白黒はっきりしたものではない。

などと言いながら、ほかの選択肢を示す手法があげられます。

その7　統計の誤謬　「50人中26人がYesなので住民の過半数が賛成です」

氷山の一角（the tip of the iceberg）という言葉があります。氷山のうち、水面より上の部分は、全体のごく一部分でしかない、という意味です。ちなみに、科学的には、水面下には10倍もの氷山が埋もれているそうです。

一般的に、統計数字をいれて発言すると、信憑性が増し、説得力が高まります。しかし、統計数字には、その性質上、常に「毒」がついて回ります。どんな点に注意して統計数字を考えればよいのでしょうか？

まずは、サンプルとして取り上げられたものが、はたして適切なものであるかどうか、注意する必要があるでしょう。統計にまつわる誤謬《ごびゅう》の多くは、サンプルが母集団を正しく反映していないことによって起きます。

たとえば、東京都中央区の住民50人へのアンケートで、「日本最大の魚市場である築地市場を移転すべきではない」という人が26人いたとします。これをもとにして、「中央区でのアンケートによると、住民の過半数は移転に反対している」と言えば、統計を使った虚偽といえます。なぜなら、わずか50人のサンプルでは、中央区民を代表しているとはいえないからです。

次に、母集団の定義にも注意する必要があります。

たとえば、日本の失業率の算定方法は、欧米と異なります。それなのに、日本と欧米の数字を単純比較するのは意味があるのでしょうか。算定方法や前提条件の違う数字を比較しても、正しい姿は見えてきません。

それから、統計調査の正確さにも注意する必要があります。

たとえば、季節によって偏りのある場合（seasonal bias）、統計数字の信憑性は大きく影響を受けてしまいます。

いずれにせよ、統計数字を比較するときは、常に比較可能性に注意するように心がけましょう。

❤その8　滑りやすい坂　「彼女に例外を認めたら、全員にも認めないといけない」

これは「if-then 構文」を使った、よくある詭弁術です。

If I make an exception for her, then I have to make an exception for everyone.

彼女に例外を認めたら、全員に例外を認めなければならない。

この種の詭弁には、根拠と主張の因果関係が成り立っていない点を突くべきです。

それには、「Just because＋節＋doesn't mean＋節」という構文で言い返すと効果的です。たとえば、

Just because you make an exception for her doesn't mean you have to make an exception for everyone. It should be considered in isolation because...

彼女に例外を認めたからって、全員に例外を認める必要性は見えません。彼女の件は独立して考えてみるべきです。なぜなら……

と反論することができるでしょう。

その9　ではの守「アメリカでは～」

聞きかじりの話を、どういうわけか一般論として受け売りする困った人たちがいます。おそらく、みなさんがよく耳にする、「アメリカでは」、「欧米では」という論調です。これを「ではの守《かみ》」と呼びましょう。

このように、ほんの一部の事実を観察しただけで、すぐにそれが一般論だと結論づけてしまうことを、hasty generalization あるいは、over-generalization といいます。概して、「一般化が好きな人には詭弁家が多い」と言っても過言ではないようです。前章で解説した帰納法の誤謬と同じといえるでしょう。たとえば、

「この前、日本企業との会議中、向こうの出席者は眠っていた」
↓「日本人というのは、何といいかげんで失礼な民族だ」

「一郎という日本人に殴られた」
↓「日本人は全員野蛮な民族だ」

なお、「ではの守」をさらに過激にすると、「例外の一般化」になります。たとえば、「末期ガンの患者にはモルヒネを使う。だから国民全員にモルヒネを解禁すべきだ」という論調がそれに当たります。

ビジネスでいえば、たとえば、A国で例外的にヒットした商品Xを、まったく関連性のないB国でも売れるはずだと確信して、特に詳細な調査もなくXの販売に乗り出す企業があるとすれば、この「ではの守」の罠に陥っているといえるでしょう。

*

以上、欧米人も使う代表的な詭弁術を列挙してみました。

もちろん、この種の論調の中にも、正しい主張が含まれていることもあるでしょう。

しかし、いいかげんなものに惑わされないためにも、健全なる猜疑心（healthy scepticism）を持って相手の話を聞く姿勢が大切です。冷静さを失わなければ、論理の矛盾というものは、誰にでもはっきりと見えるのですから。

Column

これが「詭弁」の英語です

You can trust me.
(僕は信用できるよ)

How do I know that?
(どうしてそう言えるの?)

Because I'm honest.
(だって、僕は正直者だから)

信用できる根拠を示さなければならないときに、それには答えず、「だって、私は正直者だから」と切り返しています。「信頼性」も「正直さ」も同義語であり、論理になっていません。

SECTION
5
契約のときは何に注意すべきか

▼日本人の契約書は、性善説にもとづく

欧米人との議論や交渉において、必ずついて回るものがあります。それは契約です。21世紀に入っても、口約束や信義の世界に生きる日本人は、欧米人にとっての契約の意味合いを本当に理解できているのでしょうか?

契約書は、まさに異文化の産物です。

日本人はあまり意識していないようですが、「契約」の意味について、きちんと理解しておかないと、議論がかみ合わなかったり、あとあとトラブルにもなります。だからこそ、契約の精神をしっかりと胆に命じておく必要があるでしょう。とはいうものの、「異文化」である以上、残念ながら頭では理解していても、なかなか体得できない厄介な代物ではあるのですが。

まず、日本人にとって契約書とは「守らなくてはいけない最低限の取り決め」と考えら

れているようです。

実際、日本人ビジネスマンの作る契約書は、欧米人のそれと比較して、かなり短くまとまっているようです。一般論ですが、記載事項は短く、抽象的にまとめられているのが、日本の契約書の特徴といえるのではないでしょうか。

そして、「本契約に定めなき事項及び事情の変更により本契約条項の変更の必要が生じた場合は、当事者協議の上、誠意を以て解決する」という誠実協議条項を用いて、ひとくくりにします。欧米人でも、人によってはこの negotiate in good faith という表現を使う場合もあるようですが、日本ほど一般的ではありません。

誠実協議条項というのは、よくいえば先に述べた「引き算のＭＥＣＥ」です。漏れがないように、慎重に対応しているともいえます。しかし、問題は十分に細部を検討せずに、本来は最終手段であるべき「その他」で早急にくくってしまいがちな点にあります。

いずれにせよ、緻密な定義づけが必要な契約においても、「誠意」というきわめてあいまいな概念を持ち出し、その内容については暗黙の了解とする傾向は否めないようです。日本人は契約においても性善説を信じているのでしょうか。

欧米人の契約書は性悪説にもとづく

一方、欧米人にとっての契約書とは

「当事者間の完全な合意内容が記されているもの」（完全合意条項）

といえます。

この原則は、裏を返せば「契約書で禁止されていないことはやってもいい」とも解釈できます。実際、そういう論調で訴えてくることが多々あります。たとえば、日本企業と外国企業との間の合弁契約や代理店契約など、契約におけるトラブルの多くは、この点に起因するものが多いようです。

一般的に、欧米では、屁理屈やこじつけを使って、駄目でもともと、とにかく訴えてくる人があとを絶ちません。たとえば、マクドナルド訴訟にしても、「コーヒーが熱かったからやけどした」、「ハンバーガーを食べたから肥満になった」など、われわれ日本人の常識では考えられないような訴えも、一部の欧米人にとっては必ずしも非常識なことではないようです。

こういう訴訟メンタリティーがあるため、契約書の作成段階では、「やるべきこと」、「やってはいけないこと」を、とにかくこと細かに、できるだけ具体的に列挙する作業が必要になります。

また、欧米人は「そもそも契約は破られる可能性がある」という前提を置いた上で、契約書を作成します。

What if...?

もし……になったらどうする？

の発想で、チェスのように次の一手、次の一手と先を読み、想定される最悪の状況における解決策を、契約書に盛り込んでいきます。そして、それが起きたときの事前準備もおこたりません。

要するに、欧米人は徹底的な人間不信の哲学、つまり性悪説を貫くわけです。

＊

以上が大きな違いですが、次の2点の影響も少なからずあるようです。

①聖書の文化
聖書は、神と個人との契約書です。聖書はどこの家庭にも1冊はあり、子どものころから、契約の考え方に慣れ親しむ土壌があります。

②自己責任の原則
自分の権利は自分で守るという発想です。相手の誠意を信じる、という「甘え」の発想の対極にある考え方といえるでしょう。

ところで最近は、日本語を話す欧米人も多いですし、たとえ言葉ができなくても日本人についてかなりくわしい欧米人も増えてきています。こういった状況では、欧米人と日本人とのこの違いを逆手に取る、いわば「さや抜き」戦法も見受けられます。

たとえば、あいまいさを好む日本人の性格に着目して、あえて、

endeavour　努力する
make best efforts　最大限に努力する

などの日本人好みの玉虫色の言葉を契約書に入れてくる輩も少なくありません。

そして、いざとなったら徹底的にゴネてくるわけです。「日本人なんて交渉下手で、ゴネればすぐに金を出すチョロイやつら」とたかをくくって、ふっかけてくる交渉者です。

異文化の産物である契約書の前では、「相手も日本人と同じ価値観や人情を持っているはずだ」という幻想は完全に捨て去り、相手と同じ人間不信の哲学を持って戦う姿勢が大切ではないでしょうか。

コーヒーブレイク③

ネイティブ・コンプレックスなんて捨ててしまえ！

日本には英語の本があふれています。そして、その多くは単語や表現ばかりを列挙したマニュアル本のようです。

あまり認識されていないようですが、技術論（英単語、表現）に偏った本は、一部の読者のパニックを誘発します。ふだんは意識していなくても、潜在意識下に眠っている「ネイティブ・コンプレックス」を不必要にあおるのです。

その種の本も大切なのですが、最初に読む本としては、万人向きではありません。やはり、本書で強調しているように、最初はじっくりメンタルな部分に集中し、「自然体」を作れるようになることが欠かせません。

それには、異文化の学習から始めることが大切です。一見すると回り道のようですが、実は近道なのです。

＊

ところで、わたしたち日本人は、「英語ネイティブ」という存在をどのようにとらえるべきなのでしょうか?

たとえば、日本語を勉強中の欧米人が「ネイティブの日本語はさすがに違う」とあなたを褒《ほ》めたとします。

うれしいでしょうか? 人間性から尊敬されるのならうれしいでしょうが、苦労せずに覚えた日本語ごときで褒められても、何だか歯がゆいだけではないでしょうか。

英米人も同じです。ネイティブという事実だけに着目してもまったく意味がないのです。ネイティブといっても、人それぞれ育った環境も教育レベルも違うわけですし、当然表現能力も異なって当たり前です。やみくもにネイティブ崇拝を続け、おかしなコンプレックスを膨張させるのはドン・キホーテ的といえるのではないでしょうか。

もう独り相撲はやめましょう。「日本人はネイティブの前に出ると、自然体を失う傾向がある」という弱点を真摯に受け止め、学んでいくべきではないでしょうか。

＊

それから、お気づきの読者もいるかと思いますが、ネイティブ・スピーカーといっても、ピンからキリまでいます。このため、たとえ特定の「ネイティブ」から、ある表現が「おかしい」と指摘されても、その人間がどの基準で「おかしい」と述べているのかを把握しておく必要があります。

基準とは、話し手の国籍であり、教育水準であり、国際的な視野（世界観）など多岐にわたるモノサシです。たとえば、あまり国際経験のないアメリカ人の場合、イギリスの表現を、浅はかにもすぐに「間違い」と一蹴する傾向があります。ご存じのようにアメリカは広く、全員がニューヨークやLA、シカゴのような大都市に住んでいるわけではありません。田舎から出てきた人の中には、イギリス英語をほとんど聞いたことのない人も少なくないのです。

同様に、イギリス人の中にも米語表現を知らずに、あるいは知っていても偏狭な視野を持っているがために、「間違い」と早急な結論づけを行なうこともあります。

したがって、わたしたち日本人としては、常に健全なる猜疑心を持って、ネイティブのコメントを受け止める必要がありそうです。

第4章

タブー

欧米人との議論に潜む「落とし穴」

○

○

○

CHAPTER ● 4

○

欧米人と議論しているときに
何気なく取っているしぐさや行動。

それが、私たちの予想もつかないような
不快感や嫌悪感を欧米人に与えていることがあります。

SECTION 1

不気味なだんまり

▼「雄弁は銀、沈黙は金」ということわざは何を意味するか

「沈黙は金なり」というヨーロッパの古いことわざがあります。

日本では一般に、「口は災いの元《もと》」や「言わぬが花」などと同義語と考えられています。

しかし、この中には「沈黙は金」と同じ意味の言葉はひとつもありません。「沈黙は金」の意味は、黙っていることは良いこと、しゃべりすぎるのは良くないこと、ではないのです。

実は、この言葉の前には、

Speech is silver.

雄弁は銀なり。

という重要な言葉があるのです。

つまり、このことわざには、雄弁に語る力をつけて、初めて沈黙の持つ恐るべき威力が発揮できる、というメッセージが込められているのです。弁の立つ人が沈黙を効果的に使うと、より一層議論に強くなれるのでしょう。

こうした沈黙は、経営コンサルタントや弁護士が、顧客の社長に最終決断を迫るときにもよく使う手法です。

いずれにせよ、口下手な人が最初から最後まで沈黙していては、沈黙の真価を発揮させることはできません。

▼欧米人は沈黙する日本人を否定的に見ている

ところで、あなたが欧米人との議論の最中に、じっとだまっていると、彼らはどのような印象を持つのでしょうか？

試しに、欧米人の同僚たちに聞いてみたところ、次のような否定的な回答が返ってきました。

「興味を失って退屈しているのだろう」
「内容を理解していないのではないだろうか」

「何を考えているのかわからない」

「気味悪いなあ」

「やる気がないのだろう」

「何の意見もないつまらない人間だ」

「相手にする価値のない人間だ」

「疲れているのだろう」


東洋人の顔を見慣れていない欧米人の目には、ただでさえ、日本人の顔からは否定的な印象を受けやすいのです。

実際、日本人の顔の表情を dour visage（憂鬱な顔）と表現したアメリカ人の友人がいました。議論の席で、だんまりを決め込んでいれば、この印象はなおさら強まります。

とにかく、欧米人との議論においては、「沈黙は金どころか、禁である」ことを、胆に銘じておくべきでしょう。

なお、日本人が沈黙しがちな理由は、次の4点に集約できます。

▼理由① 「遊び心」の欠けた完璧主義

「恥も外聞もなく、よくあんな思いつきのくだらない意見を大勢の前で披露できるな。厚顔無恥という言葉は彼らの辞書にはないのだろうか」

私は、欧米の2つの大学院で勉強したことがあります。両方ともケース方式を使った議論中心の授業でしたので、相当高度な議論が展開されるのでは、と最初は緊張して臨みました。

しかし、実際に経験してみると、自分が期待していたものと実際との差を前に、少しとまどいました。

たとえば、大学院の授業が始まり、教授がテキストにある前提を黒板に板書するとき、生徒は競って発言します。「～と書いてあります」など、教授を助ける発言が相次ぎ、少しでも自分に注目を集めようとするのです。私にとっては、少し幼稚とも感じられる姿でした。

もちろん、欧米の大学で議論をするときは、発言機会が得られるよう、クラスメートと競わなければ発言できない、ということは事前に聞いていました。そして、十分に理解もできていました。しかし、本質的な議論でもないのに、発言機会を求めて競い合うのは、心情的に理解しにくかったのです。

特に、本に書いてあることをそのまま反復したり、自明のことをあえて口にするなど、小学生レベルであり、そのために大の大人が真剣に、それも他人と競って手を上げるなどとは、とうてい信じられなかったからです。

ところが、それに慣れてくると、彼らの「とにかく声に出しながら考える姿勢」も、あながち悪くはないな、と思えるようになりました。つまり、どんな簡単なことでも、まずは口に出して、議論に参加している気分を高めていくわけです。一種のウォーミング・アップです。「気合いを入れる」ともいえるでしょう。そうやって集中力を高めてから、より本質的な議論に入っていくわけです。

日本人は、どちらかというと、「じっくり考えてから発言する」あるいは「よく考えた上で沈黙を選択する」のですが、欧米人は伝統的に「声に出しながら考える」のかもしれません。

もちろん、彼らも自分の考えが整理されていないことはわかっているので、

Just thinking out loud, …

思いつきで話しているのですが……

Just off the top of my head, …

思いつきで話しているのですが……

という明らかに言い訳の枕詞を頻繁に使いながら、自分の考えを何とか相手に伝えようとします。

こうした姿勢も、これまで述べてきた「議論のＤＮＡ」の影響といえるでしょう。プラトンは「ロゴス（→コトバ）とは、声をともなって口から出てくる魂の流れ」と定義しています。「魂の流れ」である以上、声に出したほうが自然ではないでしょうか。

いずれにせよ、日本人の英語下手、議論下手は、慎重すぎるメンタリティーが一因になっているように思えます。

だからこそ、視点を変えて、不完全さを楽しむ余裕、言いかえれば、自然体、遊び心を大切にしてみましょう。沈黙するよりも、たとえ不完全な形であっても何か発言したほうが、あなたに対する欧米人の印象はガラッと変わってくるのです。

そして何よりも、あなたの体にも心にもよいはずです。「魂の流れ」なのですから。

▼理由②　「場の空気」に対する強迫観念

先日、私はアメリカ人とイギリス人とともに、クライアントの日本企業とミーティングを持ちました。日本側の参加者は60代、50代、そして30代後半の3人でした。

われわれ3人はアングロ・サクソン的にやや強気な提案をしたのですが、日本側の態度は煮え切らないものでした。時間がたつにつれ、わたしたちの表情は疲労と苛立ちで、だんだんと引きつってきました。

そんな矢先、アメリカ人の同僚が、結論を迫るような質問を、その60代の日本人幹部にしたのです。彼が決定権者であることは明白だったからです。

すると、その人は数秒の沈黙のあと、ちらりと50代の部下の顔を見ました。私はてっきり、その50代の人が話し始めるのかと思いました。ところが、その50代の人が、さっと30代の人に目配せをしたのです。数秒の沈黙のあと、おもむろに口を開いたのはその30代の人でした。きわめて玉虫色の発言でしたが……。

「顔色をうかがう」や「空気を読む」とは、まさにこのことだと、私は妙に納得しました。英米人の2人の同僚も、「その場の独特の空気に、異国の文化の匂いを感じた」とミーティングのあと、語っていました。

あうんの呼吸、以心伝心といった言葉に象徴されるように、日本では、相手の考えを察することができないと、「おまえは言われたことしかできないのか！」、「言われる前に察しろ、考えろ！」と怒鳴られます。議論の場であっても、同席している上司や同僚の心を読んでから、発言する傾向がたいへん強いようです。

しかし、欧米人は、基本的に言われたことしかやりません。いや、むしろ「言われたことだけをすることが誠実さの証」と考えている節さえあります。とにかく、「察することが美徳」という社会、文化ではないのです。

確かに英語にも、

You can read my mind.
読心術ができるのだね。→なかなか察しがいいね。

という表現はあります。しかし、察することに対して、日本人のような強迫観念を持っていない欧米人との議論の場では、原則として、自由に発言することを前提に置くべきでしょう。

◆理由③　「和を乱すこと」への恐怖

欧米人は子どものころから家でも学校でも、人前で自分の意見をはっきり述べる訓練を積みます。

たとえば、アメリカの幼稚園では、*show and tell* というのですが、自分の大切にしているものを家から持ってきて、クラスメートの前でそれについて説明します。そうやって、小さなころからプレゼンの練習を積み、自分の考えを人前で説明する力をつけていくのです。

一方、日本人はどうでしょうか?

欧米人と比べると、明らかに人前で自分の考えを披露する訓練を積んでいません。むしろ「先生の言うことは絶対」、「和を乱すな」という伝統的価値観のもと、「沈黙の訓練」を積んでいく、ともいえるでしょう。

学校にもよりますが、重箱の隅をつつくような校則や、内申書による管理教育や監視教育によって、没個性を強いられることが少なくないようです。

目立つな、目立つな。みんなと同じが良いこと。目立つやつは協調性なし。

自分の意見が人と違っているだけで、心もとなく感じる人も少なくありません。このせいか、「変なことを言って白い目で見られるよりは、黙っていよう」という思考パターンに陥りがちです。この意味で、日本とは、そうやって黙っていられる人が、比較的良い評価を受けてきた社会といっても過言ではないでしょう。

このように、コミュニケーション以前の段階ですでに、「雄弁の訓練を受けてきた欧米人」と「沈黙の訓練を受けてきた日本人」という対立の構図が浮かび上がってくるのです。

▼理由④ 「語るべき自分」が確立されていない

もうひとつの問題として、先述の没個性教育のせいか、「語るべき自分」が確立されていない人が多いこともあげられるでしょう。欧米人に何か質問してみるとわかると思いますが、たいていどんな問いに対しても答えが返ってくるものです。

たとえば、「地球の温暖化についてどう思う?」と聞いてみましょう。欧米人なら、専門家でなくても、さまざまな意見が返ってくるでしょう。

もちろん、「ああ言えばこう言う」的な回答もありますが、社会のさまざまな事柄について「自分はどう思うか」ということを常に意識して考えている表れといえるのではないでしょうか。

日本人の場合、何かを質問しても、テレ笑いとともに、「そんなことわからない」という回答が返ってくることが少なくないようです。もしかすると、学校教育の影響で「わからない」と答えることに対する抵抗感が、欧米人よりも少ないのかもしれません。

これに関連して、質問下手も問題です。

日本には、「質問です」と言いながら、自分の意見を長々と述べる人がかなり多いように思えます。長々と自説を披露したのちに、申し訳程度に「どう思いますか」とつけ加え、無理やり質問形式にしてしまう方法です。

この理由としては、まず質問する訓練が欠けている点があげられます。また、いきなり本題に入ることが失礼という遠慮があるのかもしれません。

日本は変わってきているとはいえ、依然として単刀直入ははばかられる傾向にあるのではないでしょうか。

英語の議論で使えるフレーズ 4

Everything all right?
（ちょっと静かですが、大丈夫ですか？）

Is everyone asleep or are you thinking?
（寝ているのでしょうか、それとも考えているのでしょうか？）

Not enough caffeine in your coffee?
（コーヒーの中にカフェインが足りなかったでしょうか？）

＊だれた雰囲気をジョークで盛り上げる方法

Is everyone lost?
（みなさん静かですが、わからなくなった方はいらっしゃいませんか？）

Let’s break for coffee.
（コーヒーブレイクにしましょうか）

You don’t want to rock the boat.
（波風を立てるな）

SECTION

2 とりあえずご挨拶

用事もないのに挨拶に来るなんて……

日本には、「まずはご挨拶」という伝統があります。表敬訪問といえば聞こえは良いのですが、実質を重視する欧米人にとっては、なかなか理解しにくい習慣のようです。わたしの同僚は *green tea meeting*（緑茶会議）などと揶揄しつつも、必要悪としてあきらめています。特に、日本からの出張者には「とりあえずご挨拶」という人が多いようです。会議の内容よりも、上司への報告用に「誰々と会った」という事実が欲しいのでしょう。

日本の商習慣の観点から、この習慣を考えてみると、「汗をかけ」という日本独特の慣習が密接に関係していることがわかります。滅私奉公という表現にも表れているように、泥臭い営業を粘り強くやり続ける。相手が事務所にいようがいまいが、「とりあえずご挨拶」と訪問し、名刺だけ置いて帰る。それを何度も繰り返す。

欧米人からすれば、たいへん非効率で何の付加価値も生まない行為ですが、日本人の心の中では化学変化が起きます。情緒の世界に生きる日本人の中には「ここまでやってくれたのだから」と、会社ではなくその個人を信頼し、仕事の依頼をする人も、まだまだ少なくないようです。

「わたしの雇用コストはいくらか」と考える発想

しかし、コストに対する感覚が鋭敏な欧米人は、こうしたビジネス慣行に対して、驚くほど否定的な見方をするようです。

欧米人なら、次のように考えるでしょう。

「自分の年間労働日数は何日だろう？　週休2日で、祝日・休暇を引けば、250日くらいだろうか。1日8時間働いたとすると、年間労働時間は2000時間となる。

一方、会社から見た、わたしの雇用コストはいくらだろう？　雇用コストは、自分の給料だけではないな。会社負担の社会保険料だけでなく、机やコンピューターといった会社の備品、さらには事務所賃貸料のうち、自分の机の占める面積分も含めなければ。概算で、年収の2倍くらいだろうか。

以上の数字をもとに、雇用コストを年間労働時間で割ってみよう。出てきた数字が自分の1時間当たりの概算コストであろう」

狩猟民族の発想といってしまえば、それまでですが、欧米人のエリートたちは、このように自分の雇用コストを常に意識して、仕事している人が少なくないようです。

こうした観点から見ると、何の目的もない表敬訪問は、コストのかさむ迷惑な行為である点が明らかになるはずです。営業でも同じです。サービス内容もろくに説明せずに、世間話で相手の時間を奪っても、何の付加価値も生みません。「自分の時間を奪われた」と相手が感じる確率は、かなり高いと思います。

◆欧米人を訪問するときは、事前に討議事項などを知らせておく

もちろん、これから仕事を一緒にやっていく上で、まずは顔合わせをして、信頼関係を築いていこう、という姿勢は必ずしも悪いとはいえません。いや、むしろ日本的な良さといってもいいでしょう。

ここで大切な点は、形式よりも実質を重視する欧米人が、日本人ほど顔合わせに重きを置いていない事実にあります。どちらが良い悪いではなく、この違いをはっきりと認識し

ておくことが大切なのです。「まずはご挨拶」と思っても、本当にそれが必要なのか、冷静になって考えてみましょう。日本人と違って、「汗をかいて」も相手は感心も感動もしないのですから。

なお、欧米人を訪問するときは、事前に相手に質問や討議事項などを知らせておいたほうがいいでしょう。何も形式にこだわる必要はありません。質問などを列挙して、電子メールで送っておくだけでいいのです。

おそらく、忙しさにかまけて事前準備をする時間がなく、なし崩し的に会議に臨む人が多いのでしょうが、日本人は英語というハンデがあるのですから、先手先手で手を打っておいたほうが双方にとって効率的でしょう。議題や質問集は事前に相手に送っておいたほうが、欧米人と日本人の会議はうまくいくものです。

英語の議論で使えるフレーズ 5

Generally, Japanese think that a face-to-face meeting is the best way to build rapport with others.

（日本では相手と顔合わせをすることが良好な関係を築くには一番良いと考えられています）

What should be the main purpose of this meeting?

（この会議の目的をどのように設定しましょうか？）

What other methods could be used?

（ほかの方法はないのでしょうか？）

SECTION 3

日本語で頻繁にヒソヒソ

日本語でのヒソヒソ話は、相手を不安にさせる

母国語である日本語を、好きなときに使うのは個人の自由です。

問題は、それが欧米人とのミーティングにおいて、否定的に解釈されやすい点です。

英語という外国語を使って、長時間、会議を行なうことは、多くの日本人にとって、とても疲れる行為です。しかし、そうした日本人側の苦労を察する力を持っていない欧米人は、日本語のヒソヒソを聞いただけで、勝手に疑心暗鬼に陥ります。

たいへん迷惑な話ですが、

「われわれに聞かれたくないことを話しているのでは」

「勝手に何かを決めているのでは」

と被害妄想的に解釈する人が少なくないのです。

「勝手な解釈をするやつなど放っておけ」と突き放すのも、ひとつの選択肢ですが、マイナス要因はできるだけ少なくしておいたほうが、説得にせよ、交渉にせよ、うまくいくものです。

ここはひとつ、こちらが大人になって、相手のルールで戦ったほうが賢明でしょう。そのためには、後述するような英語表現を巧みに用いて、相手の不安を消しておくマメさが大切です。

▼「会議は日本語でやりましょう」と提案する気概を持ちたい

ただし、日本国内においては、相手が顧客や重要人物でない限り、日本語で通す選択肢があってもいいはずです。

特に、英米人は「誰でも英語を話す。相手が英語を話すのは当然」と信じている視野の狭い人や傲岸不遜な人も少なくありません。しかし、彼らも「郷に入れば郷に従え」くらいは理解できるはずです。

とりわけ、交渉においては、たとえあなたの英語が流暢だとしても、母国語で行なったほうが有利に運べる確率が高いのです。無理をして相手の言葉に合わせても、自ら交渉を

不利にするリスクを抱え込むだけなのです。英語では、

score an own goal, shoot yourself in the foot

墓穴を掘る

といいますが、そんなムダは積極的に排除しましょう。

いずれにせよ、日本国内に限っていえば、あなたが欧米人の顧客であったり、何らかの提案を受ける側であるならば、勇気を持って「会議は日本語で行ないましょう」と言い切るぐらいの気概が大切ではないでしょうか。こういう気持ちを意識的に持つことで、いびつな欧米コンプレックスは解消されていくものです。大切なことは、「常識」といわれるものに対して、常に健全なる猜疑心を持って接する姿勢といえるでしょう。

英語の議論で使えるフレーズ 6

Do you mind if I explain that point in Japanese?

（その点を日本語で説明してもよろしいでしょうか？）

Could you let us discuss among ourselves in Japanese? We need to confirm that everyone has understood the discussion. If not, we have to clarify some of the important issues we have discussed so far.

（われわれ全員が議論の内容を理解しているかどうかの確認のため、日本語で話させてください。もし理解していない人がいれば、これまでの議論の重要点をはっきり伝えておく必要があるのです）

I've just explained what the term amortization means in Japanese.

（無形資産の減価償却費という単語について、日本語で補足説明したところです）

I'd like to make sure that all the Japanese participants have understood our discussion correctly.

（ちょっと日本人の参加者が議論を正しく理解しているか、日本語で確認させてください）

SECTION 4

目を閉じて腕を組む

会議中に目を閉じると、居眠りと思われる

「スティーブ、この前、日本企業と会議を持ったんだけど、途中でその中の1人が居眠りし始めてさ。驚いたよ」

同僚の欧米人からこういうせりふを、いったい何度聞いたことでしょうか。笑って流せばいいものを、そのたびに私はむきになって、会ったこともない日本人を弁護したものです。もっとも、本当に居眠りをする人もいるのは知っているのですが。

「違うよ。寝ているように見えても、寝てないんだよ。目をつぶると集中できると日本人は信じているんだ。だから寝ているどころか、相当真剣に聞いていたと思うよ。特に、外国語で行なわれるミーティングでは、目を閉じて聞き取りに集中する人が多いんだ」

このように、会議中に目を閉じると、かなりの確率で「居眠り」と誤解されてしまうので、やめておいたほうが無難でしょう。

腕組みは拒絶を表す

居眠りと誤解されるだけならいいのですが、それによって侮辱されたと彼らが感じるリスクも高いため、厄介です。間接的に、「おまえの話には興味なし、退屈きわまりない」と言っていると誤解され得るのです。

欧米人に限らず、一般的に異文化コミュニケーションでは被害妄想的解釈が生まれやすいのです。だからこそ、何としても目をこじあけて、「発言者の目を見る」ように心がけたいものです。

そうでなければ、フランスの画家ゴーギャンの言葉を引用して、相手を煙にまくのもよいでしょう。

興味深いことに、ゴーギャンは「ものごとの本質を見きわめるために目を閉じる」という言葉を残しています。そこで、

「日本人が会議のときに目を閉じるのは、ゴーギャンと同じ理由によるものだ」

などと教養を匂わせ、相手に一目置かせる手もあるでしょう。

また、腕を組むことは、相手に対する拒絶を無意識に表しているもの、と心理学的には解釈されています。実際、英米では、腕を組むことは相手の意見に反対・不賛成を伝えるジェスチャーとして一般に知られています。

したがって、欧米人と話すときは腕を組まないように、意識して、心がけたほうがよいでしょう。私自身の経験からいっても、腕を組むと多くの欧米人が苛立ち始めるようです。

心理的な緊張関係がある中で、良い交渉や議論ができるはずがありません。rapport-buildingという言葉もあるように、交渉や議論の相手とは、心理的に打ち解けておいたほうがうまくいくものなのです。

英語の議論で使えるフレーズ 7

You may have thought he was sleeping during that meeting but I don't think he was. I'm sure he was seriously trying to absorb every single detail throughout the meeting. Japanese often close their eyes in order to listen better, especially in a business meeting conducted in a foreign language.

(会議中に彼らが寝ていると思ったかもしれませんが、私はそうは思いません。ひと言も漏らさないように、真剣に聞いていたはずですよ。特に外国語で行なわれるビジネス会議では、日本人は聞き漏らさないように目を閉じる傾向があるのです)

Not to worry. Japanese often close their eyes when they are concentrating on what is being said.

(ご心配無用です。日本人は発言に集中しているときに、目を閉じる癖があります)

Paul Gauguin said, *'I shut my eyes in order to see.'* That is what Japanese often do in a meeting.

(ゴーギャンは「ものごとの本質を見きわめるために目を閉じる」と言ったそうですが、日本人も会議でこれをよくやるのです)

SECTION 5

下を向いてメモばかり取る

▼欧米人は相手の目を見ない人を信用しない

メモ魔も嫌われます。

日本ではメモを取ることが重宝されることが多いのですが、欧米人との会議では、メモを取るときの目線が問題になります。

メモ魔といっても、こまめに発言者を見ながらメモを取れる器用な人ならよいのですが、たいていは下を向いてメモ取りに夢中になっている人が多いようです。

しかし、欧米人は目を見ない人を信用しません。アイ・コンタクトは、欧米人のコミュニケーションにおいて、必要最低条件なのです。

それでは下を向いたまま、相手を見ないでメモを取っていると、どのように誤解されるリスクがあるのでしょうか？

「俺の話に興味がないのか」

「わたしの話に反対しているのだろうか」

「こいつは秘書かな？　メモだけしているやつと話してもしょうがない」

「退屈なやつだ」

「こっちは講義をしてるんじゃないぞ」


私もイギリスで働き始めた当初、熱心にメモを取って、「一所懸命聞いているんだぞ」とアピールしようとしたことがあります。しかし、話していた人の表情が、途中で少し苛立ったように見えました。次の瞬間、彼は私に向かって不機嫌そうにこう言いました。

「メモなんて取らなくていいよ。プレゼンのコピーはあとであげるから」

そうです。先ほどから述べているように、異文化コミュニケーションでは、このような被害妄想的な解釈が生まれやすいのです。だからこそ、相手のルールで戦う必要があるのです。

♥意識して上を向き、相手の目を見て発言する

ちなみに、日本人は「うつむき」がちな民族のようです。

実際、「戦うときの姿勢」としても、うつむいていることが多いようです。ある文化人類学者は、勝新太郎の演じた「座頭市」を例にとって、日本人のうつむきがちな癖を説明していました。

これは、欧米人の決闘においては、決して見られない姿勢です。たとえば、ボクシングにしても、直立して相手を正視するのが基本です。

実際に統計を取ったのかどうかはわかりませんが、何らかの危険に直面したときに、日本人の母親はうつむいて子どもに覆いかぶさるように守ろうとしますが、欧米人の場合、犯人の顔や、車などの危険物を正視し、仁王立ちになって守ろうとする傾向があるようです。

会議でも、メモ魔に限らず、だんまりを決め込む日本人出席者は、たいてい「うつむき」加減ですが、欧米人は発言者の目を見る人が多いようです。

確かに日本には、「目は口ほどにものを言う」という、以心伝心文化を象徴することわざがあり、わざわざ口に出さずともコミュニケーションが取れると考えられています。

目を合わせると自分の考えが相手に伝わる、と考えて目を合わせることを極度に警戒しているようにも見えます。おそらく、これが「うつむき」傾向の理由のひとつといえるでしょう。

しかし、欧米人の相手には、意識して上を向き、相手の目を見た上で、目も口も両方使う必要があります。そうしなければコミュニケーションが成立しない、とまで考えておいたほうが無難でしょう。

SECTION 6
あいまいな返事を繰り返す

Noと言うときは、はっきりと「No」と言う

以前、ある長期プロジェクトに携わっていたときのことです。クライアントは日系企業でした。

プロジェクトの進行は、イギリス人の部下に任せたのですが、彼を見かけるたびに、こまめにクライアントの日本人担当者とはミーティングを持つように、と言っておきました。プロジェクトの進捗状況などについて報告するstatus meetingという一種の打ち合わせのことです。そのイギリス人からの報告では、何の問題もなく、プロジェクトはうまく進んでいるように思えました。

ところが、プロジェクトに着手してから数カ月後、こちら側が最終プレゼンを終えたころに事態は急展開します。私は、クライアントの日本人担当者から食事に誘われたのですが、そのときにイギリス人の部下から受けていた報告とは、正反対の反応が返ってきたの

です。

「ちょっと期待外れです。私の考えていたアウトプットとは大きな開きがある。報酬をもっと安くしてほしい」

翌日、私はその部下にこの話を伝えました。すると、ふだんは冷静な彼が真っ赤になって反論してきました。

「ちょっと待ってください。私は、彼の英語がときどきよくわからなかったので、間違った方向にいかないよう、かなりこまめに彼と打ち合わせを持ったのです。必要があれば、すぐに軌道修正できると思ったからです。

実際、毎回のミーティングで、彼に、『これでOKか？　期待通りか？　満足か？』と必ず確認してきたのです。そのたびに彼の答えは、Yes, I'm happy. だったのです。それをいまさら『期待外れ』とはふざけた話じゃないですか」

この話を聞いてどう思われるでしょうか？　案外、こういったことは、少なくないのではないでしょうか？　自分の要望があっても、はっきりと相手に伝えない。あいまいに答えておいて、最後の最後になって相手の提案を拒否する。そんな経験はないでしょうか？

その日本人クライアントに、くわしい理由を聞いてみたのですが、的を得た回答はなく、ただ「報酬をまけろ」の一点張りでした。

単に、駄目もとでゴネて値切ろうとしたのかもしれませんが、こうした態度を取っていると、「日本人は訳のわからないやつだ。偽善的な人種だ」と軽蔑されるのがオチです。お互いの交渉の中で、人間関係を円滑にするための間合いを取ることも必要ですが、Noと言うべきところは、Noとはっきり言ったほうが、相手からも尊重されるのです。あいまいな社交辞令で相手の誤解を招いてはいけません。

ところで、先ほどのイギリス人の部下ですが、わたしはふだんから彼に、日本人のYesは、「耳で聞いている」にすぎないのだ、と口を酸っぱく教えておきました。ですから、Yesだけでは日本人の言葉を信用しなかったでしょう。しかし、笑顔で

Yes, I'm happy.

とまで言われては、それが中身のない社交辞令だったとは見抜けなかったようです。

英語の議論で使えるフレーズ 8

With all due respect, that is not in line with my expectations.
（申し上げにくいのですが、ちょっと私の考えていたものとは違っています）

I wouldn't rule out the possibility,
but I must say that is quite unlikely.
（可能性を完全に否定するわけではありませんが、正直申し上げて非常に低い可能性だといわざるを得ません）

Given the budget constraints, it seems very difficult for us to accept your proposal.
（予算の制約があり、御社の御提案を受け入れるのは非常に難しい状況です）

That's a bit difficult.
（ちょっと難しいですね）

＊これは、相手のチャレンジ精神を刺激しかねない表現です。日本人は、断るための表現だと勘違いして、このように言う人が多いのですが、ポジティブ思考の人が多い欧米人には、「まだまだ可能性あり」と誤解される可能性があります。

SECTION

7 相手の発言中に割り込む

▼相手の発言が終わってから話し始めよう

欧米では、「相手が話しているときは割って入らない」という不文律があります。確かに、自分が会話の当事者の場合、相手の話をさえぎらずに聞くことの重要性は、よく知られているでしょう。これは日本を含めた普遍的なルールですね。

しかし、自分が会話の当事者ではないときに、割り込みが問題になる点については、多くの日本人は気づいていないようです。

たとえば、次のような場面を想像してください。

英国人上司Ａ　「僕はウナギが好きなんだけど、どこかおいしい店を知らないかな?」
米国人同僚Ｂ　「ウナギですか?　ちょっとわかりません」

それをそばで聞いていたあなたが「Aさん、わたしはおいしい店を知ってますよ」と割って入るとします。どのように解釈される可能性があるでしょうか？

日本では、何ら問題ありません。誰も異議を唱える人はいないでしょう。

しかし、欧米の場合、原則として、この状況ではあなたは２人の会話に割って入らずに聞き流すのが正しいのです。なぜなら、あなたは会話の当事者ではないからです。もちろん気にしない人もいるでしょうが、厳密には、このように割り込むのは、マナー違反なのです。

それでは、どうするべきでしょうか？

会話が終わって、Bさんがその場を離れてから、Aさんに知っている情報を伝えるのです。１対１です。さもないと、Aさんはともかく、Bさんには「あいつは常識をわきまえない野卑な人間だ」と誤解される恐れがあります。

日本で同じことをすれば、Aさんから「まどろっこしいやつだな。何でさっきその場でさっさと言わんのだ」と逆に怒られることもあるでしょう。しかし、文化というものはこうも違うものなのです。

英語の議論で使えるフレーズ 9

Hold on a sec. Let me finish first.
（まだ話しているのですが）

Hang on, let's go one at a time.
（１人ずつ発言しましょう）

As I was saying before I was so rudely interrupted, ...
（私の発言が、失礼にもさえぎられる前に申し上げた通り、……）

＊相当皮肉のこもった表現なので上級者向き。あえて使うならば笑いながら言うべきでしょう。

SECTION 8

目的があいまいな会議

▼だらだらと会議を続けていると「ダメな組織」と思われる

「小田原評定」という言葉があります。

豊臣秀吉が、北条氏の小田原城を攻撃した際、北条氏の重臣たちの会議が延々と続き、秀吉軍に城を完全に包囲されてからも、まだ会議を続けていたことに由来します。

会すれど議せず、議すれど決せず、決すれど行なわず。

結局何も決まらずに、時間だけがだらだらと過ぎ去っていくことです。

ただし、小田原評定は日本固有のものではありません。古今東西を問わず、だらだらと会議をすることは、ダメな組織の特徴です。

中国では、不必要な会議をたくさん開いていることを、「会海」（会議の海）と揶揄《やゆ》しています。

経営学の重鎮、ピーター・ドラッカーも、「あまりにもたくさんの人間が出席する会議を、あまりにもたくさん開くのは、悪い組織の兆候である。会議は、原則よりも例外であるべきだ」と説いています。

一方、ヨーロッパには、「会議は踊る」（独 *Der Kongress tanzt.* 英 The Congress dances.）という言葉があります。

19世紀初頭、ヨーロッパの大半を占領したナポレオンが失脚したのち、ヨーロッパ各国が集まってウィーン会議を開きました。ナポレオンの支配から解放されたヨーロッパを、これからどうしていくかを話し合ったわけです。

しかし、ヨーロッパ各国は、領土配分などをめぐって利害が対立し、会議は混乱をきわめます。

会議は踊る、されど会議は進まず。

まさに日本でいう小田原評定の状態に陥ったのです。

ところが、エルバ島に島流しになっていたナポレオンが、島から脱出してふたたび軍隊を組織している、というニュースが届くや、すぐに妥協案が可決されました。会議はただちに終わり、ウィーン議定書（ウィーン条約）が調印され、再起をはかるナポレオンに対抗するべく、各国は一致団結することになったのです。

◆会議は時間厳守で行なう

会議は、時間厳守が重要です。

始まりの時間も、終わりの時間も、スケジュール通りに進める。そのためには、限られた時間の中で結論を出すように、出席者を導くリーダーが必要です。そして、出した結論は、即座に実行に移すことが大切です。

日本人は、決断するまでに時間はかかるものの、一度、決断してしまえば、比較的早く実行するようです。欧米人はその反対に、決断は早くても、そのあとの実行は遅れがちである、と指摘されています。

なお、出席者の緊張感を保つためには、場合によっては、全員が立って会議することも有効です。直立セッション（stand-up meeting）を行なうわけです。大脳生理学的な観点からも、人間は立っているときのほうが、集中しやすいようです。

枝葉末節にこだわらず、本質を重視する

自分が賢いと思っているのか、相手に揺さぶりをかけようとしているのか、本質とはかけ離れたどうでもよい質問にこだわる人が、日本人には多いようです。

理由はよくわかりませんが、以下のいくつかの要因が複雑にからみ合っているのではないかと、私は考えています。

①自分の意見がない人が、考えているふりをする。
②面倒なことにかかわりたくないという人が、Noと言うかかわりに重箱の隅をつつくことで、責任がかかってくるのを避けようとする。
③重箱の隅をつつくようなペーパーテストの影響で、上司にも細かい人が多く、無意識のうちにそういう癖になってしまっている。

しかし、欧米社会では、そういう人は「使えない人」、「頭が悪い人」というレッテルを張られてしまいます。

むろん、欧米であっても、誰も面と向かっては言いませんが。

▼会議参加者を必要以上に多くしない

欧米人の同僚たちが、日本人との会議に臨んでビックリすることのひとつに、会議への参加者の数があげられます。

欧米人側が2人のときに、日本人側が10人以上ということも少なくありません。ところが、主として日本人側で話すのはたいてい1人か2人のみで、あとは無表情のままひと言も発しないのです。

これでは、欧米人に気味悪がられても仕方ありません。しかも、気持ち悪さと同時に「何て効率の悪い組織なのだろう」という思いがこみ上げてくるはずです。

Too many cooks spoil the broth.
コックが多すぎるとスープがまずくなる。

という表現がありますが、欧米でも不必要に参加者の多い会議を戒めることわざとしてよく出てきます。

われわれもこれを胆に銘じておくべきではないでしょうか。

英語の議論で使えるフレーズ 10

nitpicking details
（重箱の隅をつつくような細かな点）

fight over specifics
（枝葉末節のことで口論になる）

That's nothing to do with
the main issue here.
（主題とかけ離れた議論です）

Is there anyone we've left out
(who should be included in the list)?
（出席すべき人は全員呼びましたか？）

Are we sure we need to have so
many people?
（本当にこんなに出席者が必要なのでしょうか？）

Is there any way we could trim
the provisional list of attendees?
（出席者リスト案の人数を削れないでしょうか？）

コーヒーブレイク④

英語の議論に強くなる本　著者のオススメ

以下、著者厳選の英語の議論に強くなるための推薦図書をご紹介します。

①ネイティブ（外国人）コンプレックス解消用

・『日本の弓術』（オイゲン・ヘリゲル、岩波文庫）
本書でも紹介したドイツ人の異文化との格闘の記録。

・『陸軍参謀：エリート教育の功罪』（三根生久大、文春文庫）
戦争関係の失敗学の本が多いなか、教育に焦点をあて、外国人教官の功罪を斬った名著。

②英語ボキャブラリー増強用

・『イギリス流・大人の英語』（森山進、中経出版）
自薦ですが、前著はお薦めです。タイトルが紛らわしいのですが、イギリス英語の本ではありません。「英語は異文化の学習」という点を強調した上で、最新の表現（英米共通）をちりばめながら、語彙増強のための方法論をくわしく説明しています。

③英語会議用表現増強用

・『ビジネスミーティングの英語表現』（ロッシェル・カップ、ジャパンタイムズ）

本書で「メンタルトレーニング」を無事終了した人向けの本。次の段階では、一般ボキャビルに加え、ひたすら会議用の英語表現を詰め込んでいくしかありません。著者は、日本文化に造詣が深い教養人のようです。

④説得手法マスター用

・『日本人が知らない説得の技法』（草野耕一、講談社）

欧米のエリートにも負けない教養を持つ著者による説得術の本。難しい本ですが、「コトバの力」にかける著者の情熱が伝わってきます。

・『考える技術・書く技術』（バーバラ・ミント、ダイヤモンド社）

戦略コンサルタントの教科書になっている本。

⑤論理構築能力・弁論技術の習得用

・『弁論術』（アリストテレス、岩波文庫）

たまには古典を読んで、教養を深めるのも必要です。欧米のエリートとわたり合うには、一般教養の深い知識が欠かせません。

⑥英語リスニング上達目的用

・『英語リスニング科学的上達法』（山田恒夫、講談社ブルーバックス）

リスニングを科学的に分析しています。

第5章

表現集

いざというときに使える議論の英語

○

○

○

○

CHAPTER ● 5

英語で議論していて、相手が何を言っているのか
わからなくなったときは、どう言えばいいのか?

相手の質問をかわすための上手な言い方は?

知っておくと、すぐに使える便利な英語表現をご紹介します。

① I'm sorry but I'm lost. Would you please go over that last point again?

すみません。（私のせいで）わからなくなりました。もう１回最後の点を説明していただけますか？

② Sorry, you've lost me there. Could you clarify that for me?

すいません。ちょっと（あなたのせいで）そこの部分がわかりにくかったのですが。もう少しくわしく説明していただけますか？

③ I'm afraid I don't clearly understand that last point.

残念ながら最後のポイントがよく理解できません。

Basic 01

わからないことを聞く①

英語で議論していて、相手が何を言っているのか、わからなくなったときは、ためらわずにその場で聞きましょう。

特に、外国人に慣れていない英米人、つまり日本人など非英語ネイティブスピーカーとあまり接した経験のない人の場合、ゆっくり、わかりやすく話すことができない人もいるのです。

実際、日本語でやってみるとわかりますが、ゆっくり話すには、ある程度の慣れが必要です。それに、そもそも人によって、異文化コミュニケーションのセンスは大きく異なるのです。

ただし、あまりにも頻繁に聞くと会議の流れにも影響しますので、

Could you slow down a bit?
もう少しゆっくりお願いします。

Could you say that again?
もう1回言ってください。

といった単純な言い回しを繰り返すだけでなく、いくつかの表現を使い分けるといいでしょう。

「まったくわかっていない」のではなく、「より正確に理解しようとしている」という点を相手に印象づけるといいでしょう。

⑩ Basically, what you are saying is... , right?
要するに、……ということですね？

⑪ Would you please give me an example to illustrate that point?
具体的な例をあげてもう少し説明していただけませんか？

⑫ You seemed to suggest when you spoke that....What experiences have you had that make you think so?
……ということを言っているのでしょうが、どういう経験をもとにそう考えるのか説明してくれませんか？

⑬ Let me recap your points.
ちょっとあなたの主張を整理させてください。

Basic 01

わからないことを聞く②

④ I didn't quite follow that point. Would you say it again as I think it could be an important point?
ちょっとよくわかりませんでした。大切なポイントかもしれませんので、もう１度言っていただけますか？

⑤ What (exactly) do you mean by that?
それはどういう意味でしょうか？

⑥ I'm not sure exactly what you mean by～(表現). Could you be more specific?
（その表現の）意味がよくわからなかったのですが。
もう少し具体的にお願いできますか？

⑦ Could you expand on that please?
もう少しくわしく説明してくださいませんか？

⑧ What makes you think that way?
どうしてそのように考えるのですか？

⑨ What leads you to say that?
どうしてそのように言えるのですか？

③ **I'd appreciate your input.**
ご意見を伺いたいのですが。

④ **I wonder how you see it.**
どのようにお考えですか。

⑤ **...(あなたの主張) + How do you see it differently?**
私の考えは……ですが、あなたは別のご意見をお持ちでしょうか？

⑥ **What leads you to say that?**
どういう背景でおっしゃっているのでしょうか？

⑦ **What information might you have that I don't?**
何か私が知らない情報をお持ちでしょうか？

⑧ **Could you say more why this is important to you?**
この問題があなたにとって重要なのはわかりますが、もう少し訳をお聞かせくださいませんか？

Basic 02

相手の意見を聞く

相手の意見を聞く際に大切なことは、開放型の質問を使うことです。たとえば、

Does that make sense?
妥当でしょうか？

Wouldn't you agree?
そうですよね？

と聞くのは、閉鎖型質問と呼ばれます。この質問には、相手はYes/Noのどちらかで答えなければならず、緊張を与えます。このため、決断を迫るには有効です。一方、

How do you see it differently?
どのようにお考えでしょうか？

は開放型質問と呼ばれ、Yes/Noのどちらかで短く答えてすますことができません。このため、相手の本当の考えや気持ちを引き出すのに効果的なのです。

① **I'd like to hear your thoughts on this.**
ご意見を伺いたいのですが。

② **I'd be grateful for your input.**
ご意見を伺いたいのですが。

Basic 03

相手の意見を受け止める

英米人は日本人以上に「良い」と思ったことを口にします。

たとえば、相手が面白い意見を言ったときに、「そういう切り口で考えたことはなかった」と言えば、相手の「自己愛」を満たすことができるでしょう。

日本人はこのあたりが、文化の違いのためか、あまり上手でない気がします。

① **Well, that's interesting. I've never thought that way.**
なるほど、それは面白い。そういう切り口で考えたことはありませんでした。

② **I agree that it is an important factor.**
それが重要な要因である点には同意します。

③ **I know what you mean.**
おっしゃっていることは、よくわかります。

④ **I understand how you feel.**
お気持ちはよくわかります。

Basic 04

相手の意見に同意する

① I agree, and I'd like to hear more about it.
同感です。もっとお話を伺いたいです。

② To a certain extent, I agree with you, but...
おっしゃることはわかりますが……

③ In principle, I agree.
原則として同意します。

④ I can see your point of view, but...
おっしゃることはわかりますが……

⑤ You have a point there, but...
確かにその通りですが……

⑥ I see what you mean, but...
おっしゃることはわかりますが……

Basic 05

相手の気持ちを受け止める

① I realize you are quite concerned about this matter.
あなたの懸念事項はよくわかります。

② I see your concern.
ご心配されているのはよくわかります。

③ It sounds like this is really important to you.
この点があなたにとって重要なようですね。

④ I can see (I see) that you feel strongly about this.
この点があなたにとって重要なことはわかります。
ご心配なのはよくわかります。

⑤ I know what you mean, but...
おっしゃることはわかりますが……

Basic 06

自分を主張する

① Excuse me, I've got something to say.
すみません、発言してもよろしいでしょうか？

② May I interrupt you for a moment?
お話し中すみませんが。

③ I have something I want to add.
追加してもよろしいでしょうか？

④ Seems like I haven't had chance to give my opinion so far.
まだ発言のチャンスをいただいていないようですが。

⑤ I'd like to make sure that you understand why this is important to us.
この点はわたしたちにとって重要なため、きちんとご理解いただけるようご説明したいのですが。

⑥ I'd like to explore whether this might make sense.
本件について検討させていただきたいのですが。

⑧ I more or less agree with you, but...
おっしゃっていることはわかりますが……

⑨ I'm wondering whether there is a better way we could address these issues.
本件について、ほかにもっと良い対処方法がないのでしょうか。

⑩ No, that's not quite what I meant. What I really meant was...
いいえ、私の意図したところはそうではありません。
私が言わんとしているのは……です。

Basic 07

相手の意見に反論する

① I think I disagree, but please say more about how you see it.
基本的に同意しかねますが、もう少しご説明ください。

② I'd like to share another way of looking at this.
別の視点から見ることもできます。

③ I'd think about this problem in another way.
別の視点から考えてみたいのですが。

④ I don't disagree with you but...
同意しないわけではありませんが……

⑤ You may be right, but...
おっしゃることはわかりますが……

⑥ Absolutely no criticism is intended, but...
批判を意図するものではありませんが……

⑦ I'm a bit surprised to hear you say that.
そのようなことをおっしゃるとは少し驚いております。

⑦ We'll have to talk more about that later.
あとでその件については話しましょう。

⑧ I'll have to give that some more thought later.
あとでもう少し考えてみます。

⑨ That's a very interesting question.
なかなか面白い質問ですね。

⑩ You have raised an important question.
とても重要な質問をされています。

⑪ You have asked the right question but...
非常に的を得た質問だと思いますが……

⑫ That's a difficult question to answer.
ちょっと答えにくい質問ですね。

⑬ I'm glad you asked that question.
良い質問だと思います。

Basic 08

相手の質問をかわす

① I understand what you are trying to say, but...
おっしゃることはわかりますが……

② May I have some more time to think, please?
もう少しお時間をいただけないでしょうか？

③ I'm afraid I'm not in a position to comment on that at this moment.
残念ながら、即座にお答えできる立場におりません。

④ I'm afraid I don't have enough information to answer that question.
お答えするにはもう少し情報が必要です。

⑤ I don't feel strongly either way about this issue at this stage.
現時点では、わたしは中立的な意見です。

⑥ I'd like to discuss this with some other people at head office.
本社の人間と少し話してみたいのですが。

CaseStudy 01

「今日の会議の目的は顔合わせです」

日本のように、「ご挨拶」や「顔合わせ」を会議の目的として口にすることははばかられます。

大切なことは、たとえそれが顔合わせを目的としていようと、ポジティブに表現することです。

日本人だけが好きな表現

The purpose of the meeting today is to get to know each other better.

今日の会議の目的は顔合わせです。

欧米人に好かれる表現

I'd like everyone to have a clear understanding of the project scope.

プロジェクトの内容・目的について、ご理解を深めていただきたいと思います。

CaseStudy 02

「それはできません」

「日本人はなかなか No と言えない」と強く思い込んでいるためか、日本人は No と言うべきときに、必要以上に強い調子で言ってしまうことがあります。

日本人だけが好きな表現

That's impossible.
できません。

＊ぞんざいな印象を与える可能性あり。

We can't afford that.
受け入れられません。

＊高圧的に受け止められる可能性あり。

欧米人に好かれる表現

Let's see how we could go about it,
in view of the constraints.
制約条件の中で、どこまでやれるか考えてみましょう。

＊あくまでポジティブに表現しましょう。

欧米人に好かれる表現

意見を押しつけていないように聞こえる表現が好かれます（もっとも、目的は説得なのですが）。

How do you see it differently?
私はこう思うけど、あなたはどのようにお考えですか？

In what way would you see it differently?
私はこう思うけど、あなたはどのようにお考えですか？

How does that grab you?
これについてどう思う？

What do you think about that?
この件についてどう思う？

以上の 4 つは、開放型質問（open-ended question）と呼ばれる手法で、Yes・No で答えられません。このように質問されると、相手は二者択一のプレッシャーから解放されるため、心理的抵抗が少ないのです。

特に、最初の 2 つの表現は、「人によってものごとの見方は違って当たり前」という個人主義の哲学がその裏に流れており、相手に好感を持たれるはずです。

CaseStudy 03

「そう思われませんか」

日本人は否定語が好きなため、「そう思われませんか」、「知りませんか」といった表現をよく使うだけでなく、それらを丁寧語・婉曲語として用いています。

しかし、その表現をそのまま英語に訳してしまうと、日本語のニュアンスとは異なり、相手に悪い感情を与えかねません。

日本人だけが好きな表現

Don't you agree, Ken?
いいですか、ケン?

＊自己中心、押しつけがましい印象を与えます。

Don't you know...?
……も知らないのか?

＊相手を愚弄もしくはおちょくる表現です。Don't you...? Won't you...? などの否定疑問文は、イントネーションなどの使いこなしがとても難しく、相手に対して失礼な印象を与えることもあるため、原則として初級者は使わないほうがいいでしょう。

CaseStudy 04

「貴重なアドバイスをありがとうございました」

日本人だけが好きな表現

Thank you so much for your precious advice.
貴重なご意見を賜り誠にありがたく存じますわアー。

＊「ばか丁寧」という日本語がありますが、まさにそれです。慇懃《いんぎん》無礼《ぶれい》な印象を与えるので逆効果です。しかも、Thank you so much. や precious という言葉は、（特に、アメリカ人に対しては）男性が使うと不必要に女性的な印象を与えてしまいます。あえて日本語にすると、上記の訳のようになります。
ちなみに、イギリスの男性がよく使う lovely（素敵な）、perhaps（できれば、たぶん）も、男性が連発するとアメリカ人の耳には、女性のように聞こえるため、違和感を覚えるようです。

欧米人に好かれる表現

Thank you for your advice.（Thanks for your comments.）It was really helpful.

Thank you very much indeed.（イギリス英語）
It was very useful.

CaseStudy 05

「はい、はい、はい」(あいづちを打つ)

日本人は、表現力のつたなさを補ったり、間をつなぐために、同じ単語を繰り返す傾向があります。しかし、それは相手に対する皮肉と受け取られるリスクがあるので注意すべきでしょう。

日本人だけが好きな表現

Yes, yes, yes.
はい、はい、はい。

＊この意味は「わかりきったこと言うな」(うるせーよ)と覚えておきましょう。ちなみに、日本語でも「はい、はい」と繰り返すことは失礼とされていますが、この表現は、オフコース(小田和正)の美しい歌の世界にとどめておいたほうがよさそうです。

欧米人に好かれる表現

Yeah.
Okay.
Sure.
I see.

CaseStudy 06

「Listen!」(話の間をつなぐ)

話の間をつなぐ言葉も覚えておかないと、先述したYes, yes, yes. のようになってしまうので気をつけましょう。

日本人だけが好きな表現

Listen! 聞けよ！
Look! 見て！

*Listen! は「聞けよ」、Look! は「見て」に近いと考えておいたほうが賢明でしょう。ネイティブの中にはうまく使って、話の間をつなぐ人もいますが、微妙なイントネーションなどの使い分けでニュアンスが変わってくるので、初中級者は避けたほうがいいでしょう。

欧米人に好かれる表現

Well, / Now, / Please listen.

*Listen や Look のかわりに、上記のような表現をうまく使っていきましょう。

CaseStudy 07

「それでどうなったのですか」

日本人だけが好きな表現

So what?
だからどうしたの？

この表現を「それでどうなったのですか」という意味だと思い込んで使う日本人が多いようです。しかし、この表現は、「だからどうしたの」、「なんぼのもんじゃい」というニュアンスをともないます（So what? は方言ではありませんが）。

こういう言葉の持つ含みを知らないと、良好な人間関係を構築（rapport building）したくても、知らないうちにつまづいてしまうのでしょう。

欧米人に好かれる表現

Could you tell me what happened next?
それでどうなったのですか？

What happened at the end?
それでどうなったのですか？

CaseStudy 08

「いいアイディアが浮かびません」

日本人だけが好きな表現

I have no idea.
知りません。

＊日本人はこの表現をよく使いますが、これは「いいアイディアが浮かびません」という意味ではなく、上記のように「知りません」という意味です。

欧米人に好かれる表現

I haven't come up with good ideas yet.
I have no ideas at the moment.
いいアイディアが浮かびません。

CaseStudy 09

「なるほど、そうですか」

日本人だけが好きな表現

I know that.
そんなこと知っとるわい。

＊「なるほど、そうですか」と言うつもりで、I know that. という表現を使う人が多いようです。しかし、この表現の最後の that がクセモノで、ニュアンス的には「そんなこと知っとるわい」という意味になります。イライラした印象を与える可能性大です。

欧米人に好かれる表現

I know.
I agree.
That figures.
That makes a lot of sense.
なるほど、そうですか。

CaseStudy 10

「面白いですね」

日本人だけが好きな表現

Funny. / Very funny. / Interesting.

つまんない。興味ない。　＊言い方によってはこの意味

日本語は平坦なリズムの言葉なので、上のような言葉を感情を込めずに言うと、逆に嫌味、皮肉と取られる可能性が高くなります。要するに知らないうちに「つまんない」、「興味なし」というメッセージを送ってしまうのです。また、一般的に、日本人は短く言う傾向があります。ぶっきらぼうだったり、トゲのある印象を与えてしまうので、この点も気をつけましょう。

欧米人に好かれる表現

That's really funny.
That's hilarious.
That's very interesting.
面白いですね。

CaseStudy 11

「良い質問ですね」

日本人だけが好きな表現

Good question.
難しい質問ですね。

＊Good question.... これはプレゼンなどの質疑応答などで、難しい質問をかわすときの常套句です。したがって、ニュアンス的には「難しい質問ですね」となり、「良い質問ですね」の訳語としては不適当でしょう。

欧米人に好かれる表現

That's an excellent question.
素晴らしい質問です。

You have asked the right question.
非常に的を得た質問をされています。

日本人の感覚では、この種のことを口に出すことに抵抗がある方もいるかもしれません。しかし、彼らは以心伝心の社会の中では生活していません。何でも自明と省略せずに、あえて口に出して確認すること、共感することで、相手の「自己愛」は満たされるのです。

CaseStudy 12

「どうしたんですか」

日本人だけが好きな表現

What’s the problem?

何か文句あるの？　　＊言い方によってはこの意味

What’s the problem?

What’s the matter with you?...

これも言い方によっては、挑発的なニュアンスを帯びてしまう表現です。「何か文句あるの」や「何なのあんた」といった意味に取られる可能性があります。

欧米人に好かれる表現

You look pale. Are you all right?

Is something wrong?

What’s the matter?

（＊with you はつけないことがポイント）

どうしたんですか？

コーヒーブレイク⑤

欧米人も会議は苦手？

本書では、

①英語の議論に強くなるためのメンタルトレーニング（異文化の学習）
②論理と説得術の基本
③理外の理の基礎
④べからず集

についてくわしく説明してきました。

最後に、皆さんを安心させる話をしたいと思います。もしかすると、英米人はわたしたち日本人よりも、会議上手と思われたかもしれません。しかし、決して欧米人が会議上手であるというわけではありません。

実際、「会議は踊る」と言ったのはヨーロッパ人ですし、次のように、欧米人も会議には苦労しているようです。

- **Do I have to come?**

出席しなくてはなりませんか?

- **Why did you call the meeting?**

なぜ会議を開くのですか?

- **We always have to have a meeting.**

いつも会議を開いてばかりです。

- **I cannot afford the time.**

出席する時間的余裕がありません。

- **Another rubber stamp meeting-the boss will decide anyway.**

どうせボスが決めるのですから。

• Too frequent-I can't get on with my work.

あまりにも会議が多すぎて、自分の仕事をやる時間がありません。

• Even if we decide anything, frequently nothing happens after the meeting.

決定しても、やりっぱなしが多いのです。

• The noisy ones always seem to get their own way.

騒々しい人たちがいつも意見をごり押しして、ほかは追従するだけのようです。

このように、ある意味で「欧米でもわたしたちと似ている部分が少なくない」という点を理解した上で、本書を読み返していただくとよいかもしれません。

おわりに

「あとがき」に代えて、私の好きな言葉をご紹介します。

１９２９年、アメリカの教育界に激震が走りました。ロバート・ハッチンスという人が、29歳で名門シカゴ大学の総長に就任したのです。

就任後、ハッチンスは変革リーダーとして、次々と大学の改革に乗り出しました。特に、大学は「知」を養う場所である、という信念を貫き、当時趨勢になりつつあった専門教育や職業訓練の場としての大学の位置づけに対して、懐疑的な立場を表明しました。

その彼が、The Tradition of the West（西洋の伝統）というエッセーの中で、次のように語っています。

The goal toward which Western society moves is the civilization of the dialogue. The spirit of Western civilization is the spirit of inquiry. Its dominant theme is the Logos. Nothing is to remain undiscussed. Everybody is to speakhis mind. No proposition is to be left unexamined. The exchange of ideas is held to be the path to the realization of the potentialities of the race.

西洋社会が目指すものは、対話の上に成立する文明である。西洋文明の精神とは問い続ける精神である。その根本にあるものがロゴスといえよう。何事も議論なくしてすまされることはない。誰もが自分の考えを口にする。どんな問題提起も検証せずに放置されることはない。意見・異見を交わすことこそ、わたしたちの持つ潜在能力を顕在化させる術と見なされているのである。

ところで、ここでいう「問い続ける精神」とは何でしょう?

まず、「問い続ける」ことは簡単なことではありません。質問というものは、自分で問題意識を持って考えなければ出てこないからです。考えれば考えるほど疑問は生まれてきます。何事に対してもそういう姿勢でいると、自然と思考力がついてくるものです。しかも、情報化社会の中で有用な情報を取捨選択するための目、つまり健全なる猜疑心も養うことができます。

常日ごろから、問題意識を持って、ものごとを考えていく姿勢と疑問を呈する勇気。これが西洋文明の美徳である、とハッチンスは主張したのです。

著者が本書を執筆中に、たまたま「議論のＤＮＡ」という言葉を思いついたのも、きっと潜在意識レベルで、このハッチンスの言葉に大きな影響を受けていたからだと思います。ただし、筆者は欧米礼賛をするつもりは一切ありません。何事も見る角度によって陰と陽があるからです。西洋文明は、ある面からいえば殺戮と強奪の所産でもあり、これは21世紀の今日まで受け継がれています。たとえば、先のイラク戦争に関しても、「対話の文明」が活かされていたか否かは、議論が分かれるところでしょう。

ここで、私があえて強調したい点は、本書を通して訴え続けてきた「違いに対して寛容な気持ちを持って接する姿勢」の重要性です。つまり、異文化を絶対化せずに、良い面から「真似」び、自国文化の弱い面を補完していく姿勢のことです。

この姿勢を体得できた人は、英語の議論の上達という目先の目標を達成するだけではなく、今後ますます英語が世界語になっていく21世紀の潮流の中で、より豊かな人生をおくることができるでしょう。

本書がそうした水先案内人としての役割を果たすことができれば、著者としてこれに勝る喜びはありません。

著者

謝辞

本書の執筆にあたり、多くの方々にお世話になった。お世話になったすべての方にここであらためて感謝の意を表したい。紙面の関係上、全員の名前を書くことができないのが残念でならない。以下は、その中でも、特に時間を多く割いていただいた方々である。深くお礼申し上げたい（敬称略、順不同）。

- 竹生孝夫（ＣＳコンサルタンツ社長）
- 秦順之（Eval Europe 社長）
- 藤井敏彦（ＪＢＣＥ所長）
- 松崎巧（ベルギー日本通運社長）
- 長田真由美（Sony e-Solutions Europe）
- 鈴木五郎（慶応義塾大学経済学部教授）
- 豊田周平（欧州トヨタ自動車社長兼ＣＥＯ）
- 和田秀樹（精神科医・評論家）
- 田中繁広（経済産業省）

・川名浩一（日揮ロンドン事務所長）
・古山和則（中央青山監査法人）
・岡田真広（放射線科医）
・菊池正英・川金正法（中経出版）
・盛池雄歩・横山拓・河井宏幸（ナレッジワークス）
・横山嘉伸・糸井和光
・石崎治子・森山政子・絵真

［参考文献］

・『日本の弓術』（オイゲン・ヘリゲル、岩波文庫）
・『陸軍参謀：エリート教育の功罪』（三根生久大、文春文庫）
・『イギリス流・大人の英語』（森山進、中経出版）
・『日本人が知らない説得の技法』（草野耕一、講談社）
・『考える技術・書く技術』（バーバラ・ミント、ダイヤモンド社）
・『弁論術』（アリストテレス、岩波文庫）
・『英語リスニング科学的上達法』（山田恒夫、講談社ブルーバックス）

〔著者紹介〕

スティーブ・モリヤマ

欧州の首都、ブリュッセル在住。

ベルギー王国カトリック・ルーベン大学院MBA修了、米国ハーバードビジネススクールTGMP修了。イングランド・ウェールズ勅許会計士協会正会員、ベルギー王国公認税理士協会正会員。プライスウオーターハウス・ロンドン事務所を経て、現在、世界最大の綜合プロフェッショナル・サービス会社、プライスウォーターハウス・クーパース社ベルギー事務所共同経営者。トヨタ自動車など多くの日本企業に欧州投資に関するアドバイスを行っている。

趣味は「異文化ウォッチング」:これまで60カ国を延べ200回訪れ、さまざまな文化や人々を観察してきた。本書はその集大成である。著書多数。

連絡先　stevebrussels@hotmail.com（日本語可）。

英語の会議にみるみる強くなる本　（検印省略）

2003年10月16日　第1刷発行

著　者　スティーブ・モリヤマ
発行者　杉本　惇

発行所　㈱中経出版　〒102-0083
東京都千代田区麹町3の2 相互麹町第一ビル
電話　03(3262)0371（営業代表）
03(3262)2124（編集代表）
FAX 03(3262)6855　振替 00110-7-86836
ホームページ　http://www.chukei.co.jp/

乱丁本・落丁本はお取替え致します。
DTP／エム・エー・ディー　印刷／新日本印刷　製本／三森製本所

ISBN4-8061-1899-0　C2034